G
wo O ist
T
T
?

WERNER HANITZSCH

G
wo O ist
T
T
?

Das Buch des Wissens

Bibliografische Information der Deutschen Nationalbibliothek:
Die Deutsche Nationalbibliothek verzeichnet diese Publikation
in der Deutschen Nationalbibliografie; detaillierte bibliografische
Daten sind im Internet über http://dnb.dnb.de abrufbar.

© 2019 Werner Hanitzsch
Satz, Umschlaggestaltung, Herstellung und Verlag:
BoD – Books on Demand

ISBN: 978-3-7528-8348-0

Inhalt

Vorwort

Sehr geehrte Leserin und sehr geehrter Leser!

Mit diesem Buch wende ich mich persönlich an jeden Menschen, der, wie ich als ich jung war, Probleme mit dem Glauben an die Existenz Gottes hatte, oder noch hat.

Sehr viele Menschen werden vom Zweifel geplagt, oder tun es gleich als »nicht möglich«, oder gar als »Humbug« ab und nennen sich dann »Atheist«.

Auch ich hatte eine Zeit der Unwissenheit und habe lange gebraucht und viel erleben müssen, um die Existenz Gottes sehen und begreifen zu können.

Viele Menschen sind sehr daran interessiert, näheres über die tatsächlichen Möglichkeiten und Hintergründe zu erfahren. Diesen Menschen möchte ich helfen und versuchen etwas Licht in das »Mysterium« Gott und den Glauben an ihn, zu bringen.

Vielleicht werden Sie manchmal bei der Lektüre denken: «Warum erzählt der so viel aus der Geschichte, der soll uns lieber gleich sagen wo Gott ist«. Bitte haben Sie etwas Geduld. Für das Verständnis des Endresultates muss ich Ihnen die Vorgeschichte und die Geschichten um Gott, etwas erläutern.

Es haben sich schon viele Menschen, Wissenschaftler und Schriftsteller, mit dem Mysterium Leben und Tod, bzw. mit dem »Leben danach« beschäftigt. Da wird viel über »Parapsychologie« und über »Nahtoderfahrungen« berichtet, sogar Beweise werden erbracht.

Viele Wissenschaftler und Autoren haben sich schon bemüht, Theorien über unser Weltbild aufzustellen oder diesen nachzugehen.

Unter Anderem auch der Autor Werner Huemer hat sich in seinem Buch »Unsterblich?!« sehr intensiv mit diesem Thema beschäftigt. Er hat sehr gründlich und akribisch recherchiert und ist den Tatsachen sehr nahe gekommen. Sein Buch hat wissenschaftliche Fundamente, ist sehr interessant und lesenswert.

Wer sich mit Gott und diesem Thema befasst, sollte dieses Buch unbedingt lesen.

Ich bin kein Wissenschaftler und habe auch nicht die Absicht eine wissenschaftliche These aufzustellen, auch wenn es manchmal so aussieht. Ich schöpfe mein Wissen aus den Erfahrungen meines langen Lebens und den dadurch ausgelösten Denkprozessen. Aber über einige Thesen und Meinungen der Wissenschaftler würde ich schon gerne sprechen, um mein Wissen zu hinterfragen und zu fundamentieren. Z.B. heißt es: Materie ist geronnener, erstarrter Geist. Eine verdünnte Form von Energie. Das ist so abstrakt, dass ich kaum was damit anfangen kann. Es bringt uns also nicht weiter, aber es regt zum Denken an. Diesen Gedanken werde ich nicht weiter verfolgen.

An anderer Stelle wird in der Theorie der Mehrdimensionenwelt gesagt: »Energie ist die 5. Dimension.« Das klingt schon besser. Dieser Theorie kann ich mich anschließen. Wir wissen zwar nicht genau was Energie ist, aber wir wissen, dass sie existiert. Wir wissen nicht wie sie aussieht oder wie sie beschaffen ist, wir kennen aber die unterschiedlichsten Wirkungen von Energie. Z.B.u.a. Gravitation. Gravitation ist eine Wirkung von Energie und wir wissen nicht wie sie entsteht. Wir wissen zwar, dass rotierende Massen eine Gravitation erzeugen, aber nicht wieso und warum. Ein drehendes Rad z.b. bleibt aufrecht und überwindet mit der erzeugten Gravitation das Gravitationsfeld der Erde. Denken Sie einmal darüber nach, dass z.b. zwei Menschen auf einem Fahrrad (Tandem), dahin rollen, ohne umzukippen. Sobald das Rad stehen bleibt, kippen sie unweigerlich um.

Ohne Gravitation gäbe es keine Galaxien und keine Moleküle. Damit gäbe es auch keine Materie und keine Menschen. Ohne Gravitation wäre jegliches Leben unmöglich. Also ist Gravitation die wichtigste Energieform die unser Leben überhaupt erst möglich macht. Diese Schlussfolgerung müssen wir uns gut merken.

Welch ungeheure Energie hinter der Gravitation steckt, wird auch am Beispiel der Gezeiten deutlich. Die Gravitation des Mondes bewirkt, dass sich Milliarden Tonnen Wasser der Meere auf der Erde verlagern. Ebbe und Flut.

Es ist nur natürlich, dass so viele Menschen nach einer Erklärung für das Mysterium »Gott« suchen, denn Glauben ist nicht Wissen und das was wir glauben ist nicht beweisbar. Allerdings, ich glaube nicht nur an Gott, sondern mein Wissen sagt mir, dass es Gott gibt. Eine andere Schlussfolgerung ist nicht möglich.

Natürlich klingt das sehr vermessen, aber ich provoziere bewusst. Viele werden jetzt sagen, der Hanitzsch ist verrückt und überheblich. Bitte üben Sie Nachsicht und urteilen Sie selbst!

Ihr Werner Hanitzsch

Kapitel 1

Historie des Glaubens

Gott gab es schon Milliarden Jahre bevor es Menschen gab und ohne Gott gäbe es keine Erde, kein Universum und keine Menschen. Das klingt wieder so unverständlich, denn es gibt ja viele Wissenschaftler, die behaupten, die Evolution (Entwicklung der Natur und Menschheit, Charles Darwin) hat nichts mit Gott zu tun sondern ist die Entwicklung der Natur. Aber sie merken nicht, dass darin schon ein Stück Gott enthalten ist. Denn auch die Natur wurde ja erst von Gott erschaffen. Von Gott dem Allmächtigen, also das, was wir mit Gott bezeichnen. Denn Gott ist natürlich kein Menschenähnliches Wesen und hat nichts mit Materie zu tun. Also dieser Gott, bzw. diese Göttliche Kraft, hat die Welt bzw. das Weltall erschaffen. Klingt stückweise abgedroschen, werden Sie sagen, ist es auch, aber nur ein Stück.

Vor 13,8 Milliarden Jahren begann mit dem Urknall die Entstehung von Raum, Zeit und Materie. Dabei wurde diese enorme Energie freigesetzt, welche seit diesem Zeitpunkt das Universum und alles was damit verbunden ist, erschafft und entwickelt. Unser Sonnensystem z.B. entstand dabei vor etwa 4,6 Milliarden Jahren.

Hier versagt das erste mal unser Vorstellungsvermögen. Es war ein völlig leerer Raum, ohne jeglichen Inhalt!! Bei dem Urknall ist etwas explodiert was gar nicht da war. Leider kann man es nicht anders sagen. Gott hat seine geballte Energie in den Raum geschleudert und daraus Materie in Bewegung entstehen lassen. Die erste Materie des Universums wurde von der Göttlichen Energie aus dem Nichts erschaffen. So, wie auch heute noch jedes Lebewesen aus dem **Nichts** entsteht. Ich werde es Ihnen noch beweisen.

Zunächst möchte ich Sie daran erinnern, dass es den Kosmos zweimal gibt.

1. Den Macrokosmos (das Weltall) und
2. den Microkosmos (die atomare Welt).

Beide sind sich so ähnlich, dass schon daran zu erkennen ist, dass beides vom gleichen Schöpfer stammen muss. Diese Tatsache bildet die Grundlage der Physik und des Glaubens.

Der Macrokosmos, das Weltall, hat eine für uns Menschen unvorstellbare Ausdehnung (unendlich) und besitzt eine planmäßige Ordnung von Milliarden Planeten in Systemen, welche man Galaxien nennt.

Im Microkosmos nennt man die »Galaxien« Moleküle. Sie funktionieren im Prinzip genau wie die Galaxien, nämlich mit gegenseitiger Anziehungskraft, eine Energieform welche man Gravitation nennt.

Man könnte fast sagen, der Microkosmos ist eine Miniaturausgabe des Macrokosmos.

Allein die Tatsache, dass das alles unser Gott erschaffen hat, zeigt wie allmächtig dieser Gott ist.

Bitte tun Sie diese Feststellung nicht als »Geschwätz« ab. Sie werden mir noch recht geben.

Wir sind uns sicher einig in der Überzeugung, dass die Erschaffung dieser gigantischen Dinge wie Macro- und Microkosmos unter keinen Umständen von einem Wesen aus Materie, welche Dimension auch immer, möglich wäre. An eine zufällige Entstehung dieser komplexen und intelligenten, gigantischen Dinge glauben wir aber auch nicht, denn das ist nicht vorstellbar. Also müssen wir uns Gedanken machen, wie es geschehen sein kann. Viele Menschen sagen einfach, ja das hat die Natur erschaffen. Das geht überhaupt nicht. Die Natur wurde ja auch erst erschaffen und hat sich entwickelt. Aber von wem oder durch was?

Seit dem Urknall wird die Entwicklung des Universums gesteuert. Es werden unvorstellbare Energien wirksam. Wer steuert und beherrscht diese Energien? Natürlich Gott, **denn**

Energie ist Gott und Gott ist Energie. Energie durchdringt die Materie (Gravitation in den Molekülen) und ist überall. Sie ist unsichtbar, wir erkennen sie nur an ihrer Wirkung. Genau wie Gott!! Mit dieser Feststellung greife ich den weiteren Erläuterungen vor, das muss aber sein.

Es gibt positive und negative Energie. Positive Energie plus negative Energie ergibt immer null, das bedeutet, sie hebt sich gegenseitig auf und das ist unser Problem. Darüber hören wir später mehr.

Energie ist Geistig und keine Materie! Darüber muss man nachdenken. Geist oder geistig ist für uns nicht vorstellbar. Wir können es nicht beschreiben. Wir wissen zwar, dass es keine Materie ist, aber wir können uns nichts darunter vorstellen. Nicht zu verwechseln mit den Energieformen wie z.b. Elektro-Energie, Wärme- oder Wasserenergie. Alle diese Energieformen sind Sekundärenergien und Materie, denn sie bestehen aus Atomen und Molekülen.

Der Geist als Energieform wurde bisher viel zu wenig beachtet. Die Zeit ist reif, den Geist in die Naturwissenschaften einzufügen. Geist (also Energie) ist der Wissensspeicher der Natur. Damit ist aber nicht das Gehirn gemeint.

Der erste Schritt dazu ist bereits getan. Die Thanatologie ist die Wissenschaft zur Erforschung des Sterbens und muss sich in jedem Fall zwangsläufig auch mit der Energie bzw. mit dem Geist befassen.

Nachgewiesener Maßen gab es in der Vergangenheit der Menschheit schon sehr viele Naturgesetze, welche von Wissenschaftlern und der Kirche aus Unkenntnis falsch interpretiert wurden, aber letztendlich doch von ihr anerkannt werden mussten. Diese Unkenntnis ist auf den damaligen Stand der Wissenschaft zurückzuführen und hat absolut nichts mit Dummheit zu tun, sondern ist eben die Konsequenz der Entwicklung des Wissens.

Hier darf man natürlich die Kirche nicht mit Gott verwechseln. Die Kirche ist eine von den Menschen erschaffene Institution und hat natürlich nach dem Tod von Jesus Christus auch menschliche Fehler gemacht. Sie vertritt zwar Gott, ist aber nicht Gott.

Alles was wir sehen oder fühlen, jeder Stoff und jedes Material, jedes Lebewesen und jede Pflanze, besteht aus Atomen und Molekülen in unterschiedlichen Aggregatzuständen (gasförmig; flüssig und fest). Aus diesem Material (Microkosmos) hat die »göttliche Allmacht« in der Evolution, so wird die Zeit der Entwicklung bezeichnet, die Menschen erschaffen. Allerdings nicht so, wie es den Menschen vor langer, langer Zeit erzählt wurde, als Adam und Eva, sondern Gott hat schon etwas länger dafür gebraucht. Die Göttliche Allmacht hat aus dem Material des Microkosmos Lebewesen geschaffen und ständig weiter entwickelt. Baustein für Baustein wurde hinzugefügt oder verändert, bis daraus der heutige Mensch entstanden ist. Angefangen hat alles mit einzelnen lebenden Zellen, welche aus dem Weltraum (dem Universum) auf die sich entwickelnde Erde gelangt sind und sich dort vor allem im Meer weiter entwickelt haben, bis daraus die ersten Lebewesen entstanden sind. Diese Entwicklung hängt direkt mit unserem Thema zusammen, wie wir noch hören werden.

Die Legende von Adam und Eva war einfach erforderlich, weil die Menschen viel zu unwissend waren, um die Wahrheit begreifen zu können Auch heute ist es noch für viele Menschen schwierig, die Vorstellung von Gott Vater als alten Mann, fallen zu lassen und die Wahrheit gedanklich zu übernehmen. Dies ist auch der Grund, weshalb die Kirche einfach die Legende von Adam und Eva stehen lässt, anstatt sie zu dementieren. Die Kirche ist sich schon bewusst, dass sie sehr behutsam mit dieser Wahrheit umgehen muss, um die Menschen nicht zu verschrecken. Schließlich hat sich der Glaube der Menschen an Gott über Jahrtausende entwickelt und ist nicht abhängig von der Geburt Jesus Christus. Mit seiner Geburt ist jedoch ein völlig neues Level des Glaubens an Gott entstanden. Plötzlich war für die Menschen etwas zum Anfassen da, was man sehen konnte. Damit hat Gott (die Göttliche Allmacht) sein (oder ihr) Ziel erreicht.

Nochmal zurück in die Zeit zum Anbeginn der Menschheit. Von Anfang an neigen die Menschen dazu, an irgendwelche Wunder zu glauben, um ihre Phantasien in eine reale Vorstellung bringen zu können. Kein Mensch kannte die Ursachen für Tag und Nacht, für Wetterunterschiede, für die Jahreszeiten, Naturkatastrophen u.s.w.. Im Moment eines unbekannten Ereignisses, begann der Mensch darüber nachzudenken, was wohl die Ursache für dieses Ereignis sein könnte. Da er aber nicht in der Lage war, die wirklichen Hintergründe zu erkennen, neigte er zunächst dazu, mystische Gründe dafür verantwortlich zu machen. Die Menschen glaubten an Zauberei und Hexerei. Aber auch hierfür musste ja irgendjemand zuständig sein. Je größer das Ereignis, je mächtiger musste der dafür Verantwortliche sein.

So begann man, für jedes unbekannte Ereignis, einen mächtigen Herrscher über Natur und Menschheit zu benennen. Diese »Herrscher« nannte man »Götter«. Da gab es einen »Wettergott«, einen Gott der Liebe, einen Gott der Meere, eine Göttin der Jagd und viele, viele andere mehr. Auch Teufel und Hexen gehören hier her. Teufel und Hexen waren einfach die »Götter« des Bösen aus der Hölle. Da hatte man absolut noch keine Ahnung von positiver und negativer Energie.

Es gibt viele Beschreibungen wie das Wort »Gott« entstanden ist oder aus welcher Sprache es kommt. Dies ist aber für das Verständnis der Entwicklung des Glaubens nicht relevant.

Für die Menschen war es wesentlich einfacher und leichter einen solchen »Gott« für ein Ereignis verantwortlich zu machen, als völlig ohne Vorstellung zu sein, wieso etwas geschah, was ihnen Furcht einflößte. So entwickelte sich der »Glaube«. Da war an die Kirche oder an Jesus Christus noch lange nicht zu denken.

Also die Kirche hat den Glauben an Gott nicht erfunden, sondern denselben nur übernommen und in Verbindung mit dem Sohn Gottes, Jesus Christus, weitergetragen.

Es wurden immer mehr Menschen auf der Welt geboren und damit entwickelten sich immer mehr »Gemeinschaften«, welche eine Person aus ihrer Mitte auswählten, die ihnen sagte was sie tun und lassen sollten. Damit war der »Stammesfürst«, der »Sippenhäuptling«, »König« oder »Führer« entstanden.

Da es aber immer schwieriger wurde, die Menschen in einer solchen »Gemeinschaft« oder »Volk« die auch immer zahlreicher wurden, friedlich unter einen Hut zu bringen, begannen die Herrscher, Führer oder Fürsten, ihre Untertanen mit der Androhung einer Bestrafung durch eine überirdische Macht (einem »Gott«) gefügig zu machen. Das heißt: Die Herrscher haben Angst vor einer unbekannten Macht verbreitet und damit selbst Macht ausgeübt.

Ein gutes Beispiel dafür liefert uns die Geschichte Ägyptens aus der Zeit der Pharaonen, also lange vor der Entstehung des Christentums und seiner Kirche.

Die Ägyptischen Priester haben in ihren Tempeln mit allen möglichen Tricks, dem Volk unwirkliche Erscheinungen und Ereignisse vorgegaukelt um Ängste zu erzeugen. Dadurch wurde Unterwürfigkeit erreicht.

Auch wurden bestimmte Tiere zu Gottheiten gemacht und für heilig erklärt. Diese Tiere durften nicht verletzt oder gestört werden. Z.B. der Käfer Skarabäus aus der Wüste, der war so heilig und wichtig, dass ganze Heere auf ihrem Marsch umgeleitet wurden, wenn sich so ein Käfer auf ihrem Weg aufhielt.

Die Kühe wurden für heilig erklärt. Daraufhin wurde z.B. vom Pharao in der Stufenpyramide von Sakkara ein riesiges Grab der heiligen Kühe angelegt. Jede Kuh erhielt einen eigenen Sarkophag. Der war aus einem einzigen Granitblock gehauen und besaß einen riesigen Deckel aus dem gleichen Stein. Alles nur, um die Menschen einer »Gottheit« zu unterwerfen. All das hat absolut nichts mit Gott zu tun, sondern ist von Menschen erdacht und gemacht um Gehorsam und Unterwürfigkeit zu erzwingen.

Zu dieser Zeit, gab es »Gott« schon längst und es gab auch Menschen, die von Gott ausgewählt waren, bestimmte Dinge zu tun, um die Menschen über Gott aufzuklären und um ihnen zu helfen (Propheten). Hierüber erfahren wir mehr, wenn wir von Moses und Elias sprechen.

Allerdings zeigte sich, dass der Einsatz dieser »Propheten« nicht reichte. Gott musste sich etwas einfallen lassen. So jedenfalls, würden wir es mit menschlichen Worten ausdrücken. Gott hatte einen Plan. Er sagte sich: Um die Menschen zu überzeugen und sie mit mir und meiner Schöpfung vertraut zu machen, muss ich einen Menschen aus Fleisch und Blut, den sie anfassen können und den sie als meinen Sohn akzeptieren, auf der Erde zum Einsatz bringen.

Vielleicht klingt das jetzt so, als würde ich an ein Göttliches **Wesen** aus Materie glauben. Dem ist aber nicht so. Nur unsere Sprache ist halt so angelegt, dass man immer der Meinung ist, es handelt sich um ein Wesen, wenn man von Gott spricht.

Wir wissen heute, was Gott alles geschaffen hat. Auch die Zweifler haben es begriffen, aber zum richtigen Verständnis fehlt noch das Wissen über das Wie, dem greife ich hier vor.

Gott sah also die Notwendigkeit, einen Menschen aus Fleisch und Blut auf die Erde zu bringen und er hatte ja selbst den Mechanismus für das Werden der Menschen erschaffen, was ja nachgewiesener maßen, **jedes Mal** wieder ein Wunder ist.

Also hat er eine Frau auf der Erde ausgewählt und sie mit allem Notwendigen einer »Menscherzeugung« in ihrem Körper versorgt. Wir sagen heute »unbefleckte Empfängnis« dazu, weil es keinen anderen Begriff dafür gibt. Später, wenn ich Ihnen offenbart habe, was und wo Gott ist, werden Sie verstehen, dass es für Gott überhaupt kein Problem war, selbst, im Körper der

Maria, diese erforderlichen Manipulationen« vorzunehmen. Aber das kommt noch.

Der »Mensch«gewordene Sohn Gottes verbreitete fortan die Lehre Gottes, seines Vaters. Die Lehre von Gott und seiner Liebe zu den Menschen, verbreitete sich rasend schnell. Natürlich rief dieser Umstand die damaligen Herrscher auf den Plan. Sie fürchteten um ihre Privilegien und um ihre Macht. So war alles, was dann folgte, vorprogrammiert. Den Leidensweg von Jesus Christus und seiner Anhänger will ich jetzt und hier nicht wiederholen, der ist hinreichend bekannt.

Die Tempel in Ägypten könnte man als Vorstufe unserer Christlichen Kirche ansehen. Selbstverständlich im positiven Sinn, prinzipiell gesehen. Dann die jüdischen Tempel, in welchen auch Jesus Christus gepredigt hat. Unsere Kirche hat sich erst nach dem Tod von Jesus Christus und der Entstehung des Christentums entwickelt. Aber die Anfänge dazu sind bereits zu Lebzeiten von Jesus Christus zu erkennen. Die Menschen scharten sich um Jesus Christus und fingen an, mit ihm zu beten.

So entstand der »Christliche Glaube« und daraus entwickelte sich unsere Kirche.

Aber Jesus Christus hatte ja leider nur ein sehr begrenztes Leben. Alles was nach ihm geschah, wurde von Menschen erdacht und gemacht, denn auch in der damaligen Zeit und in unserer Kirche gab es nicht nur gute und ehrliche Menschen. Warum und wieso werde ich Ihnen noch erläutern. Zum Beispiel der sogenannte »Ablasshandel« u.v.m. ist ja nicht von Gott gemacht sondern von Menschen.

Es ist natürlich nicht möglich, hier in diesem Rahmen die geschichtliche Entwicklung umfassend zu beschreiben. Es geht mir nur darum, auf die Anfänge der unterschiedlichen Glaubensmöglichkeiten und -richtungen hinzuweisen. Die gesamte historische Entwicklung des Glaubens der Menschheit, lässt Rückschlüsse auf die Glaubensentwicklung der Neuzeit zu. Bedingt durch diese Historie kam es natürlich zwangsläufig auch zu Fehlentwicklungen des Glaubens, (wir nennen es Aberglauben) und zu Fehlvorstellungen wegen Unwissenheit. Unterstützt wurden diese Fehlvorstellungen durch Habgier und Machtbestrebungen der Menschen. Auch sprachliche Mängel führten dazu. Um dies zu veranschaulichen, ein paar Beispiele.

In der Bibel steht ganz eindeutig geschrieben: » Du sollst Dir kein Bild machen von Gott«. Diese Formulierung wird auch heute noch von den meisten Menschen nicht verstanden und deshalb falsch interpretiert. Dieser Satz sagt:»Gott ist keine Materie« und **deshalb nicht sichtbar.** Genau dies ist der Sinn dieses Satzes in der Bibel. Man muss schon sehr genau nachdenken. Also wenn Gott keine Materie ist, was ist er denn dann? Gott wurde immer wieder als alter Mann dargestellt. Sicher auch, weil Gott der »Vater« der gesamten Schöpfung genannt wird. Von Kind an hat sich dieses Bild in unseren Köpfen (auch in meinem) eingebrannt. Der Begriff »Vater« ist hier aber abstrakt und sinnbildlich zu sehen. So kann er auch weiterhin verwendet werden.

Auch heute noch haben sehr viele Menschen die Vorstellung von einem »Gott Vater« als Person und fragen: Wo ist denn (Euer) Gott? Hier kommt erschwerend hinzu, dass es in der Deutschen Sprache leider nur eine Vokabel für den Begriff »Himmel« gibt. Dadurch hat sich, seit der Entwicklung der Raumfahrt, die Meinung gebildet, wenn es wirklich einen Gott gäbe, hätte irgendein Astronaut ihn ja mal sehen müssen. Natürlich ist diese Meinung sehr primitiv und unsinnig, aber sie existiert.

In der Englischen Sprache hingegen, gibt es für den Begriff »Himmel« zwei Vokabeln.

1. sky für den sichtbaren Himmel, das Weltall und
2. heaven für den unsichtbaren Himmel Gottes.

Das bedeutet, wenn man von Kind an, den Himmel des Glaubens mit einem anderen Wort benennt, entwickelt sich von Kind an, eine andere Vorstellung.

Kapitel 2

Grundlage des Glaubens

Es ist verständlich und auch völlig normal, dass die Menschen in der Frühzeit alles was sie erlebten ihren Mitmenschen und ihren Kindern weiter erzählten. Aufschreiben war ja noch nicht möglich. Diese Berichte wurden von Generation zu Generation weitergetragen und so, sehr lange Zeit erhalten. Auf diesen Überlieferungen hat sich der gesamte Glaube an Gott entwickelt und aufgebaut. Noch lange Zeit vor Jesus Christus.

Diese Geschichten waren für die Menschen so interessant und wichtig, dass sie zunächst von jüdischen Gelehrten gesammelt wurden. Viel später, also etwa im 9. Jahrhundert v. Chr., begann man diese Geschichten aufzuschreiben. Es entstand gewissermaßen eine Sammlung von Geschichten über überlieferte Ereignisse, aber natürlich zwangsläufig auch von Phantasien und erfundenen Geschichten.

Deshalb haben wiederum jüdische Gelehrte diese Geschichten untersucht und auf ihren Wahrheitsgehalt hin überprüft. So entstand eine Auswahl von Geschichten, welche man »Kanon« nennt. Kanon kommt aus der Altgriechischen Sprache und bedeutet so viel wie Leitfaden. Diese Kanons wurden dann zu einem Buch zusammengefasst. Dieses Buch nannte man »Bibel«. Dieses Wort stammt ebenfalls aus dem Altgriechischen und bedeutet »Bücher«, weil hierin viele »Bücher« (Kanons) vereint sind. Aus diesem Grund nennen wir heute auch die Bibel »Das Buch der Bücher«.

Auch nach der Geburt Jesu, hat man weiter Geschichten gesammelt und auch aufgeschrieben. Man nennt die Geschichten aus der Zeit v. Chr. »Altes Testament« und aus der Zeit n. Chr. »Neues Testament«. Das Neue Testament entstand etwa in der 2. Hälfte des ersten Jahrhunderts n. Chr. und wurde gegen Ende des zweiten Jahrhunderts vollendet.

Etwa 400 Jahre nach der Geburt Jesu, lag die Bibel in der heutigen Form vor. Natürlich noch nicht übersetzt, sondern in Hebräisch und Aramäisch im Alten Testament und in Griechisch im Neuen Testament. Es gibt sehr viele Übersetzungen der Bibel, nicht nur die von Martin Luther. Auch heute noch werden Teile übersetzt oder geändert (Bibelrevision).

Die Entwicklung des Glaubens **an Gott** hat also zunächst absolut nichts mit Jesus Christus und dem Christentum zu tun. Das müssen wir strikt trennen und auseinander halten. Also nicht nur die Erinnerungen an Jesus Christus, als den Sohn Gottes, sind interessant und für unseren Glauben wichtig, sondern auch die Erinnerungen an die Erlebnisse der Menschen mit Gott, vor der Geburt Jesu. Es gibt viele Ereignisse mit Gott, da war an Jesus Christus noch gar nicht zu denken.

Die Geschichte vom Exodus aus Ägypten mit Moses zum Beispiel, fand wahrscheinlich in der Zeit um das Jahr 1200 v. Chr. statt. Aber über das Wirken von Gott gibt es da schon sehr viele Geschichten (Altes Testament). Mancher wird sich jetzt vielleicht fragen, was hat der Exodus mit Gott zu tun? Das war ein rein geschichtliches Ereignis! Also auf den ersten Blick könnte man das annehmen. Es waren Juden, welche damals in Ägypten schikaniert wurden und Zwangsarbeit leisten mussten. Aber Moses wurde von Gott auserwählt und geleitet. Ohne die Hilfe Gottes hätte Moses mit dem Volk Israels niemals sein Ziel erreichen können. Das ist keine Floskel, ich werde es Ihnen noch beweisen.

Viele Wissenschaftler haben sich mit der Exodus-Geschichte befasst und sie aufgeschrieben. Es gibt dort auch Irritationen und Zweifel, dies will ich nicht in Abrede stellen und auch nicht weiter auf diese eingehen. Aber einige Punkte dieser Geschichte möchte ich näher beleuchten, weil sie für das spätere Verständnis der Ereignisse sehr wichtig sind und ich das große Glück hatte, auf den Spuren Moses wandeln zu dürfen und einige dieser Spuren prüfen konnte.

1958 gründete ich die Fa. Schaltmontage Dresden, Werner Hanitzsch, einen Betrieb zur Projektierung, Lieferung und Montage von Elektro-Anlagen in der Industrie.

1959 erhielt ich einen Auftrag über die Projektierung, Lieferung und Montage der Elektro-Ausrüstung einer Getreidemühle in Kairo. Zu dieser Zeit waren solche Dinge in der DDR noch möglich. Da gab es noch lange nicht die Reisebeschränkungen und Bevormundung der Handwerksbetriebe. Dieser Auftrag hat sich in der Folgezeit vervielfacht. So ergab es sich, dass ich mit meinem Betrieb 12 Jahre in Ägypten gearbeitet habe. (Siehe mein Buch »Mein Leben im Wandel der Zeiten«)

Nach den 12 Jahren hat der Sozialismus in der DDR meinen Betrieb in einen VEB (Volkseigenen Betrieb) umgewandelt, denn es war zu diesem Zeitpunkt völlig unmöglich, dass ein privater Unternehmer in einem Sozialistischen Staat derartige Exportaufträge ausführte. Ich wurde also enteignet.

Also während dieser Zeit in Ägypten, wurde ich eines Tages von einem Mühleneigner aus Kairo, zu einem Ausflug über mehrere Tage zum Kloster Katharina auf Sinai eingeladen. Die Reise dorthin war sehr abenteuerlich, ich habe sie in meinem o.g. Buch ausführlich beschrieben. Hier will ich mich auf einige wesentliche Punkte der Begegnung mit Zeugnissen von Moses und Elias beschränken, denn wir benutzten den gleichen Weg wie Moses zum Exodus aus Ägypten.

Moses hatte für den Exodus zwei Wege ausgewählt. Einen im Süden von Sinai, in Richtung Gebirge und einen im Norden von Sinai, direkt in Richtung gelobtes Land. Warum das so war, ist nicht erforscht. Es wird vermutet, dass Moses sein Volk vielleicht geteilt hat. Aber man weiß es nicht.

Wir nahmen natürlich die südliche Route, denn wir wollten ja das Kloster Katharina besuchen, und das liegt im Gebirge, direkt am Fuß des Berges Sinai (Später »Mousa bzw. Moses« genannt).

Sie können die Reiseroute auf der Karte nachempfinden. Von Kairo direkt nach Osten und nach der Überquerung des Suez-

kanals in Richtung Süden, nahe der Küste. Irgendwann sind wir
nach Osten in das Landesinnere abgebogen.

Karte Ägypten/Rotes Meer/Sinai

Straße auf Sinai zum Kloster Katharina

Mit Sicherheit ist Moses durch dieses Gebiet gezogen.

Auf diesem Weg sind wir an mehreren Wasserstellen vorüber gekommen, wo uns die Anwohner Überlieferungen berichteten. Dort war Moses mit seinem Volk und hat seine Schafe getränkt. Diese Strecke ist erforscht und bewiesen. Nach mehreren Kilometern durch die Wüste, kommt man kurz vor der Oase Fairan an ein Bergmassiv, an welchem, nach der Legende, Moses Wasser aus dem Stein geschlagen hat. Also d.h., er hat mit einem Gegenstand kräftig an den Stein geschlagen und da kam Wasser heraus. Dadurch hat Moses sein Volk vor dem sicheren Tod durch Verdursten gerettet. Diese Geschichte ist erforscht und belegt. Der Ort ist gekennzeichnet. Das lassen wir erst einmal unkommentiert so stehen.

Gebirge auf Sinai, wo Moses Wasser gefunden hat

Ich werde etwas später noch beweisen, dass es tatsächlich so gewesen sein kann.

Auf dem weiteren Weg wurde dann sein Volk in der Oase Fairan ausgiebig versorgt.

Oase Fairan

Diese Oase ist die größte Palmen-Oase vom Sinai und liegt im Wadi Fairan, unweit des Klosters Katharina, was es aber zur Zeit Moses noch nicht gab. Dieses Kloster Katharina, benannt nach einer Märtyrerin, steht genau am Fuß des Berges Sinai (später nach Moses benannt).

Als wir im Kloster ankamen, hat uns ein Christlicher Mönch (Griechisch Orthodox), empfangen und uns unsere einfachen Quartiere im Gästehaus zugewiesen. Wir waren natürlich angemeldet und hatten eine Genehmigung der Ägyptischen Regierung für diesen Besuch. Ohne diese, darf man das Kloster nicht betreten. Also so eine Art »Massentourismus« ist nicht möglich.

Die umfassende Beschreibung des Klosters können Sie in meinem o.g. Buch nachlesen. Der Mönch schilderte uns unter anderem, dass genau an dem Platz, wo heute dieses Kloster steht, damals Moses mit seinem Volk 40 Tage lagerte. Während dieser Zeit hat Moses den Berg Sinai bestiegen und sich dort 40 Tage aufgehalten.

Kloster Katharina

Auf dem Gipfel befindet sich eine Felsnische, worin er gewohnt haben soll. Dies war der erste Punkt, an dem ich anfing zu überlegen. Moses kann ja nicht 40 Tage ohne Wasser gelebt haben. Also bin ich auf den Gipfel gestiegen und habe mir den Platz angesehen. Dabei kam ich zwangsläufig an dem ehemaligen Wohnplatz von dem Propheten Elias vorüber, welcher nachweislich etwa 300 Jahre nach Moses und dem Exodus dort gewohnt hat. Dieser Platz befindet sich etwa 150 m unterhalb des Gipfels. Elias hatte sich einen Garten für Gemüse und Obst angelegt, hielt sich Ziegen und hatte eine kleine Wohnhütte. Als ich das alles sah, kam ich erst recht ins Grübeln. Dort musste es ja Wasser geben, sonst wäre das Leben dort ja gar nicht möglich gewesen. Auch als ich dann feststellen konnte, dass es dort Wasser gab, konnte ich mir noch nicht vorstellen, wieso Moses auf diese Idee kommen konnte.

Wohnplatz von Elias auf dem Berg Moses,
etwa 150 m unterhalb des Gipfels.

Kapitel 3

Grundlage des Wissens.

Fangen wir ganz vorsichtig mit der Beweisführung der bis hierher geschilderten Ereignisse an.

Etwa in der Mitte, zwischen dem Gipfel vom Berg Sinai (Moses) und dem Wohnplatz von Elias, also etwa 80 m unterhalb des Gipfels, gibt es eine Wasserstelle. Eine Art Brunnen, bestehend aus einem in den Fels gehauenes Loch, etwa 3 m Tief und etwa 60 x 60 cm groß. Der Wasserspiegel befindet sich in etwa 2 m Tiefe. Das Wasserloch hat eine Abdeckung aus Holz. Daran befindet sich eine Büchse an einer Schnur, mit welcher Wasser geschöpft werden kann. Dieses Wasser ist kristallklar, kühl und schmeckt sehr frisch, trotz der hohen Lufttemperaturen. Ich habe selbst davon getrunken und diesen Vorgang im Film dokumentiert, also ich kann es beweisen.

Das Vorhandensein dieses Wassers beweist zunächst, dass es durchaus möglich war, auf diesem Berg zu leben. Aber wieso kann dort in dieser Höhe, auf einem Bergmassiv aus Stein, überhaupt Wasser sein? In anderen Gebirgen gibt es zwar auch Bergseen, aber da sind ganz andere geographische Verhältnisse und Wasseradern vorhanden. In diesem Moment kam mir auch wieder die Geschichte mit Moses in den Sinn, als er auf dem Exodus Wasser aus dem Stein geschlagen hat. Dieses Ereignis fand aber an einem anderen Berg statt, welcher ca. 20 km vom Berg Sinai entfernt war. Also bin ich am nächsten Tag dahin gefahren und habe mir die gekennzeichnete Stelle ganz genau angesehen. Zunächst ist mir nichts Besonderes aufgefallen. Ich nahm einen Hammer und schlug an der gleichen Stelle kräftig an den Stein. Nach dem dritten oder vierten Schlag splitterte eine kleine Steinplatte von etwa 0,5-1 cm stärke ab. Unter dieser Platte lief Wasser. Dies war der Beweis: Hier gibt es Wasser. Obwohl ringsum absolute Trockenheit herrschte und nicht ein einziges Pflänzchen zu sehen war. Das gesamte Gestein des Berges war also porös, das heißt, es war mit Kapillaren durchzogen. Nun wissen wir ja aus der Physik, Wasser fließt in Kapillaren aufwärts. Damit war zunächst das Rätsel gelöst, wo das Wasser auf dem Berg Sinai herkam. Zu dieser Zeit war es für mich aber noch ein Rätsel, wie damals zum Exodus, Moses auf die Idee kommen konnte, dort im Gestein nach Wasser zu suchen. Heute ist es mir klar. Aber dazu später, wir sind noch nicht so weit. Elias ist etwa 300 Jahre später, den Spuren Moses gefolgt. Am gleichen Platz, wo heute das Kloster Katharina steht und damals zum Exodus Moses mit seinem Volk gelagert hat, stand damals ein Dornenbusch. In seinem spärlichen Schatten hatte sich Elias zum Schlafen hingelegt. Während dieses Schlafes fing der Busch, nach der Legende, an zu brennen ohne zu verbrennen und Elias erhielt von Gott die Botschaften über Moses und hat auch dieses Wasser gefunden. Deshalb hat er dort, auf dem Berg Moses, seinen Wohnplatz eingerichtet. Ein solcher Dornenbusch ist noch heute im Kloster Katharina als »the burning bush« (der brennende Busch) zu sehen. Wie war das alles möglich?

Die Hilfe kam von Gott. Die Übermittlung von Nachrichten oder Informationen über die geistige Energie von Gott, ist überhaupt kein Problem. Ich werde es später noch erläutern.

Beginnen wir mit der Untersuchung.

Die Antwort auf die Frage: Wo ist Gott? Beginnt mit dem physikalischen Grundgesetz, **dem Energieerhaltungsgesetz.**

Also, Energie kann weder erzeugt werden, noch verloren gehen. Dieses eherne Gesetz ist erforscht, bewiesen und unantastbar. Aber kein Mensch weiß, was Energie ist und warum es so ist. Die uns bekannten Energieformen (Sekundärenergien) können nur aus einer bestehenden Form, in eine andere Form, umgewandelt werden. Also z.B. Wärme-, Wasser-, Wind- oder eine sonstige Kraft in Elektro-Energie u.v.m.. Hierbei ist aber zu beachten, dass es sich bei allen dieser Energieformen um Sekundärenergien handelt. Jede Sekundärenergie ist Materie und besteht aus Atomen und Molekülen. Hat also nur indirekt etwas mit der Energie »Gott« zu tun. Diese ist immateriell und kann weder erzeugt werden noch kann sie verloren gehen. Die Primärenergie ist also Gott und bringt z.b. das Wasser durch die Gravitation (die eigentliche Energie) zum Fließen. Dieses fließende Wasser wird dann von den Menschen als Wasserkraft für den Antrieb von Maschinen oder Generatoren genutzt. Also immer wieder nur eine Energieumwandlung aber **keine Energieerzeugung**. Wenn wir Energie erzeugen könnten, würden wir ja Gott erzeugen!!

Aber auch Gravitation ist eine Energieform, wo wir nicht wissen wie sie entsteht. Wir wissen natürlich, dass drehende Massen eine Anziehungskraft, nämlich die Gravitation, erzeugen, aber wir wissen nicht warum oder wie. Gravitation hat nichts mit Magnetismus zu tun. Wir kennen zwar ihre Wirkung, aber nicht ihre Entstehung. Hier versagt der menschliche Forschergeist völlig. Es gibt keinen Wissenschaftler auf der ganzen Welt, der die Entstehung der Gravitation erklären kann. Gravitation ist die erste und hauptsächliche Energieform nach der »Energie Gott«! Die Energie Gott ist materielos und nicht sichtbar, genau wie die Gravitation und nur sekundär nachweisbar weil sie geistiger Natur ist.

Die unterschiedlichen Formen, wie kinetische, oder potenzielle Energie, sind für uns hier zwar nicht relevant, ich will aber trotzdem, der Vollständigkeit halber, ein kleines Beispiel zur Erläuterung geben.

Wenn ich einen Stein mit meiner Hand vom Fußboden aufhebe und auf einen Tisch lege, habe ich kinetische Energie (die durch Muskelkraft erzeugte Bewegung meiner Arme, also Bewegungsenergie) in potenzielle Energie (ruhende Energie) umgewandelt (nicht erzeugt!). Das heißt, in diesem Stein ruht jetzt die Kraft, die durch meine Muskelkraft übertragen wurde.

Wenn ich diesen Stein an den Rand des Tisches schiebe, fällt er auf Grund der Gravitation herunter und hat eine energetische Wirkung. Das heißt, die potenzielle Energie wurde freigesetzt und wieder in kinetische Energie umgewandelt. Die Summe aller Energieformen bleibt immer gleich.

Ohne Energie kann ein Mensch nicht leben. Für jedweden Vorgang im Körper wird Energie benötigt. Denkprozesse, Verdauung, Blutkreislauf, ganz gleich was man sich ansieht, die Voraussetzung ist immer Energie. Das hört sich zwar sehr banal und so selbstverständlich an, ist aber so ungeheuer groß, dass ich kurz darauf eingehen möchte.

Der Menschliche Körper ist schon längst kein Geheimnis mehr. Alle Körperfunktionen wurden erforscht. Alle? Haben Sie schon mal darüber nachgedacht? Schauen wir es uns nochmal an.

Biologisch ist alles klar. Ein einziges Sperma trifft eine Eizelle und nistet sich dort ein. Biologische Bausteine verbinden sich und **beginnen Materie zu produzieren,** nämlich einen menschlichen Körper **aus dem Nichts** zu erschaffen. Dieser Körper ist allerdings noch nicht lebensfähig. Aber in ihm wachsen Organe in der richtigen Anordnung und Konstruktion, welche nach dem Signal der Fertigstellung plötzlich anfangen selbstständig zu arbeiten. Da ist ein Kraftwerk entstanden, welches es komplexer nicht geben kann. Ein chemisches Wärmekraftwerk!!

Hier müssen wir beachten, dass die Energie für den Aufbau und für den Funktionsstart der ganzen Fabrik aus dem Energiefeld »Gott« kommt und über die Mutter auf das werdende Kind übertragen wird. Für den laufenden Betrieb müssen wir dann ständig Energie zuführen. Wie in einem richtigen Kraftwerk. Das heißt, wir müssen essen und trinken! Der Energiegehalt wird dann schon selbstständig von den Organen verarbeitet und hält den Betrieb dieser Fabrik aufrecht. Diese ständige Energiezufuhr ist uns klar und scheint logisch zu sein. Aber überlegen wir mal weiter. Gut, wir wissen, wir müssen Energie zuführen. Aber was macht unser Kraftwerk damit? Die Nahrung wird in den zugehörigen Abteilungen chemisch erschlossen und zerlegt.

Die Bestandteile dann dem Blut als Spediteur übergeben. Das Herz pumpt das Blut zu allen Bedarfsträgern welche diese Stoffe benötigen. Bei dieser Arbeit nimmt das Blut Schadstoffe auf, welche wieder entfernt werden müssen. Zu diesem Zweck wird das Blut in Leber und Niere gereinigt. Für alle diese Funktionen ist eine ganz bestimmte Betriebstemperatur in dem Kraftwerk erforderlich, nämlich 36,8 Grad Celsius, welche von dem Kraftwerk vollautomatisch erzeugt und geregelt wird. Sicher werden Sie jetzt denken, man das ist doch alles hinreichend bekannt. Das stimmt auch. Ich habe es Ihnen nur in Ihr Gedächtnis gerufen, damit Sie über folgende Fragen nachdenken.

1. Wie kann aus dem »Nichts« ein Körper mit derart komplizierten Mechanismen (Organen) entstehen? Woher kommt das »Material« und die Energie hierzu?
2. Wie ist es möglich, dass dieser ganze komplizierte Mechanismus auf ein Startsignal hin (Geburt) von selbst anfängt zu arbeiten?
3. Das Herz beginnt schon vor diesem Signal, das Blut durch den Körper zu pumpen und versorgt jeden Quadratmillimeter des Körpers mit den Vital Stoffen. Aber wie ist diese Pumpentätigkeit möglich? Es gibt kein Perpetuum Mobile!! Wo kommt diese Energie her und wer steuert diese?
4. Diese gleiche Frage kann man für jedes Organ im Körper stellen!!

Noch ein Hinweis auf die Chemiefabrik als Beispiel der Universalität.

Melatonin ist ein Hormon, das von den Pinealozyten in der Zirbeldrüse – einem Teil des Zwischenhirns – aus Seratonin produziert wird und den Tag–Nacht-Rhythmus des menschlichen Körpers steuert. Wir brauchen also diesen Stoff um schlafen zu können. Das klingt einfach toll und zeigt uns, dass die Wissenschaft das alles gut erforscht hat. Natürlich hat sie das!

Aber wir können nur die ablaufenden Fakten erforschen, die Tatsachen des Geschehens! **Wie** es geschieht, wissen wir nicht!! Was wird für diese Produktion verwendet? Wie verläuft der Produktionsvorgang? Die gleichen Fragen könnte man bei vielen Organen und Vorgängen stellen. Z.B. Bauchspeicheldrüse (Pankreas). Hier wird Insulin produziert.

Selbst bei Pflanzen ergeben sich die gleichen Fragen. Ein Baum wächst aus einem Samen und produziert Holz. Die Wurzeln versorgen ihn bis in die höchsten Spitzen mit Nahrung und produzieren immer mehr Holz. Bitte sagen Sie jetzt nicht: So ein Kinderkram. Das weiß doch jedes Kind. Natürlich wissen wir das. Aber man sollte hin und wieder darüber nachdenken, **warum** es so ist wie es ist und was da eigentlich abläuft. Einfach zu sagen, na das macht die Natur, ist nicht ausreichend. Wenn wir tiefer nachdenken, kommen wir automatisch darauf, die Natur ist nur das ausführende Organ. Die treibende und wissende Kraft ist Energie, die Göttliche Energie, also Gott.

Als ich jung war hat mir einmal ein weißer alter Mann gesagt: Junge, ohne Gott bist Du nicht in der Lage auch nur Deinen Arm zu heben! Damals habe ich das nicht verstanden und mehr als eine Symbolik angesehen. Aber dieser Mann hat ja so recht. Jede Bewegung, und ist sie noch so klein setzt einen komplizierten Vorgang voraus:

1. Als erstes einen Denkvorgang. Ich muss den Wunsch haben und mich dazu entschließen diese Bewegung auszuführen.
2. Als nächstes muss das Denkorgan einen Befehl »formulieren«. Dazu werden im Gehirn, in den Synapsen (Kontaktstellen), elektrische Signale ausgetauscht.
3. Dann muss dieser Befehl an die entsprechenden Organe des Körpers (Körperteile, Muskeln) übermittelt werden.
4. Und schließlich muss sich der entsprechende Muskel zusammenziehen um die gewünschte Bewegung zu vollziehen.

Für jeden dieser vier Punkt ist Energie erforderlich. Das hört sich banal an, ist es aber nicht. Diese Energie muss irgendwo herkommen und muss gesteuert und beherrscht werden.

Das Fazit aus dieser Betrachtung ist, ohne diese Göttliche Energie gebe es kein Leben!

Wenden wir uns also wieder dem, anfangs erwähnten, Energieerhaltungsgesetz zu.

Wenn also Energie nicht verloren gehen kann, was geschieht dann mit der Energie, welche jedem Menschen zu seiner Geburt in seinen Körper gegeben wird, wenn er stirbt? Die kann ja nicht einfach verschwinden. Sie **kann** nicht verloren gehen oder einfach aufhören zu existieren. Wo kann sie sein? Diese Frage haben sich schon sehr viele Wissenschaftler gestellt und auch schon zum Teil beantwortet. Es ist bewiesen, dass die Gehirnzellen, (also die Materie und der Körper) absterben, aber die darin gespeicherten Informationen (der Geist, die geistige Energie) erhalten bleiben. Das bedeutet, dass die Energie des Verstorbenen weiter existiert und zum Zeitpunkt des Todes vollständig den Körper des Menschen, in Form einer Energiewolke (Energiefeld) verlässt. Wir nennen diese Energiewolke: »Seele«. Diese Energiewolke »Seele« (Energiefeld oder -wolke) ist in unserem Sprachgebrauch ein »Geistwesen« und geht automatisch dorthin, wo sie hergekommen ist, nämlich sie geht wieder in die weltumspannende Energiewolke (Energiefeld) »Gott« ein.

Das ist der Ort, wo wir alle herkommen und zu dem wir immer wieder zurückkehren. Natürlich ist dabei nicht unser Körper, sondern unsere geistige Lebensenergie gemeint. Über diesen Ort wurde schon sehr viel spekuliert und nachgedacht. Wir alle sind Teil eines Göttlichen Planes und jeder ist auf seinem eigenen geistigen Weg.

Wir müssen begreifen, dass das was wir »Gott« nennen, die Urkraft hinter allem Sein, unabhängig von jeglicher Religion, wirklich existiert. Wir alle sind untrennbar mit dieser Urkraft »Gott« verbunden.

Das eigentlich Menschliche ist der Geist. Leider wird der »Geist« oft mit dem Verstand verwechselt. Der Verstand ist jedoch nur ein körpergebundenes Werkzeug, welches Erfahrungen und Informationen verknüpft und speichert um damit zu arbeiten. Das wahre »Ich« des Menschen ist der Geist, also dieses »Energieteil« von Gott, man kann auch Seele dazu sagen. Also, die allgewaltige Gottheit ist Energie. Gott der Allmächtige, diese mächtige (allmächtige) Energiewolke, (-feld) nimmt die kleine Wolke (Seele des verstorbenen) wieder auf und fügt sie in sein mächtiges, weltumspannendes Energiefeld wieder ein. Aber auch in diesem allmächtigen Gottesfeld, bleibt das Feld (der Geist) des Verstorbenen, als ein immaterielles Individuum für sich getrennt bestehen und kann so Verbindung zu seinen Verwandten, ob lebend oder verstorben, aufnehmen. Die Verbindung zu lebenden Verwandten erfolgt natürlich auf geistiger Ebene, ohne Wissensempfindungen der Menschen.

Mit dem weltumspannenden Energiefeld wird jetzt auch verständlich, wieso Gott zur gleichen Zeit bei allen Menschen, an jedem Punkt der Erde sein kann. Dies wiederum ist der Beweis und die Erklärung, dass sich Gott, bzw. ein Stück von ihm, in jedem einzelnen Menschen der Erde befindet. Oft genug wird das ja erwähnt, aber kein Mensch hat über das »wieso« nachgedacht.

An dieser Stelle möchte ich einen sehr wichtigen Aspekt erwähnen, nämlich den der Tiere. Viele Menschen sagen: »**Wenn es einen Himmel für Tiere gibt**, dann ist jetzt mein Morle (oder was auch immer), dort«.

Also da gibt es gar keine Frage. Die Lebensenergie für alle Tiere, Pflanzen und für alles was lebt, kommt von Gott aus dem gleichen Energiefeld wie wir! Gott steuert die Energiemenge, welche für das jeweilige »Leben« benötigt wird. Alle Lebewesen gehören in den gleichen »Himmel« (Heaven). Da gibt es keinen Unterschied.

Oft wird die Theorie vertreten, dass die von Gott abgegebene Energiemenge für die tierischen Lebewesen gesteigert eingesetzt wird, und dadurch bei der Reinkarnation (die es logischerweise auch bei Tieren gibt), eine Steigerung der Art und Intelligenz stattfindet. Das würde bedeuten, dass eine Entwicklung z.B. vom Fisch über Hund, Pferd o.ä. bis zum Menschen abläuft. Das ist theoretisch vorstellbar, und über diese Theorie sollte man nachdenken, denn es vereinbart sich mit der Evolution. Am Anfang gab es nur einzellige Lebewesen im Wasser, welche sich in Jahrmillionen zu Lebewesen mit unterschiedlichen Intelligenzpotenzialen entwickelten. Also könnte es durchaus so sein, dass die Göttliche Beschickung mit Lebensenergie von den gesammelten Erfahrungen und dem damit entstandenen Wissen abhängig ist. Das bedeutet natürlich nicht, dass z.B. aus einem Schaf ein Hund wird, sondern dass die mit Erfahrungen angereicherte Lebensenergie eines verstorbenen Schafes in der Reinkarnation in einem Hund eingesetzt wird und so die Evolution vorantreibt.

Hier möchte ich auf einen sehr wichtigen Gedanken in dem oben erwähnte Buch von Werner Huemer »Unsterblich?!« hinweisen.

Das Gehirn und seine Arbeit regen immer wieder zu Zweifeln und Spekulationen an. Nach meinen gewonnenen Erkenntnissen kann es nur wie folgt sein. Der menschliche Körper wird zum Zeitpunkt der Geburt von Gott mit einem Stück seiner selbst (Energiefeld) besetzt. Diese Energie steuert das Leben und die Entwicklung des Menschen. Das Gehirn ist genauso entstanden wie der ganze Körper, aus materiellen Bausteinen (Zellen, Atomen, Molekülen, X und Y Chromosomen). Die Energie regt diese Zellen zur Arbeit an und diese bilden dann, auf Grund ihrer physiologischen Konstruktion, das Bewusstsein.

Diese Zellen haben dann die Fähigkeit Erfahrungen (Wissen), in der den Zellen innewohnenden Energie, zu speichern. Also nicht die Gehirnzellen selbst, speichern das Wissen, sondern die in diesen Zellen eingelagerte Energie. Die Gehirnzellen arbeiten lediglich damit. Deshalb bleibt das gespeicherte Wissen nach dem Tod, in der Energie des Verstorbenen (Geist), erhalten. Das bedeutet, dass der Mensch in seinem Geist, dem Energiefeld, weiterlebt. Also sind wir unsterblich, nur unser Körper, die menschliche Hülle vergeht. Diesen Grundgedanken bestätigt auch Prof. Dr. Fr. Moser, indem er sagt: Geistwesen bleiben immer bestehen und sind unsterblich. Das ist der Fall, wenn der Mensch seine Hülle ablegt. Das Gehirn leistet Denkarbeit. Das sind materielle Vorgänge und haben nichts mit dem immateriellen Geist, der Seele zu tun. Die Seele ist das immaterielle Energiefeld des Menschen.

Das Bewusstsein existiert nachgewiesener Maßen auch außerhalb des Körpers (Nahtod-Erfahrungen) und das ist der Beweis für das Energiefeld (Wolke) des Menschen. Ein im Koma liegender Mensch hat veränderte Wahrnehmungen über den Geist, nicht über die Gehirnzellen.

Wir können Wissen, also Informationen, künstlich speichern (Computer) und damit eine Art künstliche Intelligenz schaffen. Aber diese Vorgänge sind materiell und haben absolut nichts mit der Energie»Gott« zu tun, auch können wir keine Gefühle speichern.

Die Gehirnzellen zerfallen wie alle anderen Körperzellen auch. Damit ist die Unsterblichkeit eines Lebewesens nicht möglich, aber die Unsterblichkeit des Geistes (Energiefeld) ist gesichert.

Die Auferstehung der Toten, wie wir sie in unserem Glaubensbekenntnis formulieren, beruht genau auf dieser Tatsache. Allerdings ist irgendwann in der Vergangenheit die geistige Unsterblichkeit mit der körperlichen, verwechselt worden, denn eine leibliche, körperliche Auferstehung ist leider nicht möglich. Sicher wird es jetzt einen Aufschrei unter den gläubigen Christen geben, denn sehr viele von ihnen klammern sich an die angekündigte Auferstehung und diese Hoffnung gibt ihnen Kraft.

Auch unsere Kirche wird sich in diesem Punkt irgendwann revidieren und einfach die Auferstehung in andere Worte kleiden müssen, auch wenn es schwer fällt. Abgesehen von der biologischen Unmöglichkeit, wäre auch eine körperliche Auferstehung aus Platz- und Versorgungsgründen auf der Welt nicht möglich. Mit seinem Sohn Jesus Christus hat uns Gott die Auferstehung vorgeführt und gezeigt, dass nicht der Körper (Leib) des Verstorbenen aufersteht, sondern der Geist in einem anderen Körper. Denn seine Jünger haben Jesus Christus nach der Auferstehung nicht erkannt. Dieser Umstand wird leider ungenügend gewürdigt.

Auferstehung bedeutet **Reinkarnation**, die Seele eines Verstorbenen (die Energiewolke/-feld) geht in einen anderen Körper und bringt das vorher gespeicherte Wissen mit. Mit dieser Feststellung werde ich mir in der Kirche nicht nur Freunde machen. Aber es führt kein Weg an dieser Tatsache vorbei und eines Tages werden auch die Wissenschaftler diese Erkenntnis vertreten. Mit dieser Weitergabe der Informationen und des Wissens (Reinkarnation) erklärt sich auch die überdurchschnittliche Intelligenz von Mozart, Bach, Einstein und vielen anderen Persönlichkeiten mehr.

In dieses Gebiet fallen auch die oft geschilderten Deja-vu-Erlebnisse und Erinnerungsberichte der Reinkarnationen und ergänzen die Beweiskette. Die Reinkarnation ist ein ganz wesentlicher Bestandteil der Evolution und Entwicklung der Menschheit. Wissen und Fähigkeiten können nicht verloren gehen sondern werden immer weiter entwickelt und weiter gegeben. Wenn es nicht so wäre, hätten wir noch lange nicht den Stand unseres Wissens, den wir haben.

Ein sehr wichtiger Punkt ist hierbei, dass in der Reinkarnation Wissen und Können zwar weitergegeben wird, aber Erinnerungen unterbunden werden. Dies Geschieht zum Schutz der Menschen, denn diese Erinnerungen könnten evtl. Traumata oder Feindschaften hervorrufen. Auch diese Tatsache ist ein Beweis dafür, dass dieser ganze Mechanismus kein Zufall, sondern gesteuerte Entwicklung der Menschen durch Gott darstellt.

Sehr wichtig ist auch die Tatsache, dass, wenn eine hochintelligente Persönlichkeit gegen Ende ihres Lebens krank wird, also z.b. an Demenz leidet, zwar das Gedächtnis des Gehirns verloren geht (Verlust der materiellen Gehirnzellen) aber das Wissen bleibt im Geist dieser Persönlichkeit (Energiefeld) gespeichert, damit erhalten und wird weitergegeben.

Das Argument der Kirche bei der Ablehnung der Reinkarnationstheorie ist, dass jeder Mensch einzigartig und von Gott speziell geschaffen ist. Das stimmt ja auch und ist nicht zu widerlegen! Jeder Mensch ist als Materie einmalig. Die Anzahl der Chromosome in X- und Y-Form sind von Gott vorgegeben und die Form und Anordnung der Atome und Moleküle, welche die Gestalt und das Aussehen des menschlichen Körpers ausmachen, werden durch Vererbungen bei der Vereinigung des männlichen Spermas mit der weiblichen Eizelle festgelegt. Dabei hat Gott (die Energiewolke) immer seine Hand im Spiel und erschafft damit jeden Menschen als Einmaligkeit. Das ist schon so, aber schließt doch nicht aus, dass bei der Versorgung des werdenden Menschen mit seiner Lebensenergie, Energiefelder (Seelen) mit gespeichertem hohen Wissen zum Einsatz kommen. Und genau das ist Reinkarnation und hat absolut nichts mit einer Art »klonen« zu tun. Das ist ein ganz wichtiger Unterschied. Man kann also nicht sagen, **Ich** war schon mal auf der Welt, sondern mein Geist, meine in mir vorhandene Energie, war schon einmal in einem anderen Körper auf dieser Welt.

Die Tatsache, dass die Seele immateriellen Ursprungs ist, ist längst hinreichend bekannt und wird auch beschrieben. Aber die Schlussfolgerung auf den Ursprung Göttliche Energiewolke (Energiefeld) und damit auf Gott, hat noch niemand getroffen, da sich niemand traut offen zu sagen, dass Gott ein Energiefeld ist, und dabei ist das doch so logisch und auch so schön. Das klingt zwar für unsere Ohren sehr profan, ist aber in Wirklichkeit etwas ganz gewaltiges weil kein Mensch der Welt, die Größe und Macht der weltumspannenden Energiewolke auch nur annähernd einschätzen kann. Damit wissen wir, dass Gott immer um uns und in uns ist. **Es gibt keine schönere Erkenntnis** und damit wird plötzlich alles so wunderbar klar und verständlich. Wir müssen nur noch für den Begriff »Energiewolke« ein anderes Wort finden. Wie wäre es z.B. mit: »Göttliches Energieteil«? Wir müssen uns nur an diesen neuen Glauben gewöhnen. Gott ist kein abstraktes Wesen, was wir irgendwo suchen, sondern Gott ist die allmächtige Energie, die uns überall umgibt.

Energie ist nicht gleichzusetzen mit Kraft, womit es sehr oft verwechselt wird. Kraft ist eine Wirkung der Energie. Energie ist Geistig und damit nicht beweisbar. Gedanken sind Energie und nicht beweisbar, nur die Folgen der Gedanken lassen Rückschlüsse zu und sind beweisbar.

Hinter einer Kraft steckt Energie und diese ist ein intelligentes Geistwesen (Göttliches Energieteil). Dieser bewusste Geist steuert in jedem Augenblick unseres Lebens die Materie.

Es ist nicht so, dass das Gehirn Geist erzeugt, wie viele glauben, sondern das Geistige existiert getrennt vom Gehirn und bildet in den Gehirnzellen das Bewusstsein und das logische Denken. Also die geistige Energie regt die Gehirnzellen zur Arbeit an. Das ist vergleichbar mit der Arbeit eines Muskels nach der Anregung durch den Geist.

Der Nobelpreisträger Sir John Eccles hat bereits darauf hingewiesen, dass »Der sich seiner selbst bewusste Geist als etwas vom Gehirn getrenntes, aufgefasst werden muss«.

Diese Wissenschaftler erkannten, dass der Geist außerhalb und innerhalb des Gehirns ein alles durchdringendes Feld darstellt.

Hierzu kann ich heute nur sagen, richtig erkannt. Es handelt sich um das Energiefeld Gottes (Göttliches Energieteil).

Dieser Geist (Göttliches Energieteil) mobilisiert die Gehirnzellen zum bewussten Denken, indem die geistigen Wissensspeicher miteinander verknüpft werden. Diese Speicher bilden die Grundlage für das Wissen und werden für die Ewigkeit erhalten, können also nicht verloren gehen (Energieerhaltungsgesetz).

Der 2008 verstorbene Philosoph John Archibald Wheeler, formulierte in seinem Buch »Gravitation«, dass »das Bewusstsein das Agens ist, das ein subatomares Teilchen, etwa ein Elektron, existent werden lässt«. Mit anderen Worten, Bewusstsein, also das Göttliche Energieteil, erschafft ein Elektron. Das ist der richtige Ansatz. Das Göttliche Energieteil (die Energie) ist nämlich Gott und lässt das Elektron wachsen. (Der Gott der Eisen wachsen ließ) Alle diese Aussagen der verschiedenen Wissenschaftler sind der Beweis für die Richtigkeit meiner Theorie.

Funk, Internet o.ä. ist Materie und hat nichts mit der materielosen Energie und damit nichts mit Gott zu tun.

Bevor also die Seele des Verstorbenen nach dem Tod, wieder in das große Energiefeld »Gott« eingefügt wird, hat sie die Möglichkeit, sich in einen geliebten Menschen einzufügen oder sich in seiner Nähe oder wo sie möchte, aufzuhalten um ihm zu helfen. Wir nennen dieses, aus dem Körper ausgeschiedene »Göttliche Energieteil«, Schutzengel oder guter Geist. Diese »Schutzengel« gibt es also tatsächlich, allerdings nicht so, wie ihn sich die meisten Menschen vorstellen, sondern eben als Energiefeld, wenn auch die Vorstellung eines Engels als geflügelte Person natürlich viel angenehmer ist.

Worin kann diese Hilfe bestehen? Das ist eine sehr wichtige Frage. Ein solcher Schutzengel kann z.b. nicht verhindern, dass auf dem Weg seines Schützlings etwas Schlimmes passiert. Also evtl. ein schweres Teil auf den Weg des Schützlings fällt, ein Flugzeug abstürzt o.ä., aber der Engel (das Göttliche Energieteil) kann das Gehirn des Schützlings beeinflussen, dass er stehen bleibt, einen anderen Weg einschlägt o.ä. Damit verhindert der »Schutzengel« nicht das Geschehen selbst, sondern er verhindert dass die zu schützende Person durch dieses Ereignis zu

Schaden kommt. Mit anderen Worten, der »Schutzengel« beeinflusst immer nur das Handeln der zu schützenden Person ohne dass diese selbst etwas davon merkt. Genau das ist auch mit Moses (Wasser suchen) und mit Elias geschehen. Das ist die Lösung zu diesem Rätsel.

Hierzu gleich ein Beispiel aus meinem persönlichen Leben.

Anfang der 60ziger Jahre, als ich ständig zwischen Kairo und Dresden gependelt bin, gab es noch keine Flugroutenbestimmung in der damaligen DDR. Wenn ich meine Aufgaben in Kairo erledigt hatte, konnte ich die nächste mögliche Flugverbindung nach Berlin buchen, um nach Hause zu kommen.

Eines Tages war es wieder einmal so weit, ich hatte einen Flug gebucht über die Schweiz mit mehreren Wechseln der Fluglinien. Einen Tag vor meiner geplanten Heimreise erhielt ich eine Aufforderung vom Technisch Kommerziellen Büro (TKB) der Handelsvertretung der DDR, die Elektro-Anlage einer Mühle im Nildelta zu begutachten. Also musste ich wohl oder übel meinen Heimflug stornieren. Ein Flugzeug dieser geplanten Route stürzte ab. Dieser kurzfristige Auftrag hat mir das Leben gerettet. Solche Dinge sind die Arbeit unserer sogenannten »Schutzengel«.

Bereits der Koran sagt, Engel sind von Gott erschaffene **Geistwesen** und ihm untergeordnet. Also sie sind keine Materie und deshalb nicht sichtbar. All das passt genau zu dem »Energiefeld Gott«.

Diese Geistwesen können Sie getrost mit unserem Pfingstfest in Verbindung bringen. Unsere Vorfahren haben uns schon die richtigen Hinweise gegeben, nur, wir haben sie nicht verstanden. Wer denkt schon darüber nach, wenn wir Pfingsten feiern, dass da Gott den Heiligen Geist über uns geschickt hat, um uns über seine Existenz zu informieren. Dieser Heilige Geist schenkt neues Leben (Auferstehung des Geistes, bzw. Reinkarnation) und ist Bestandteil der »Energiewolke bzw. Göttliches Energieteil«.

Die Dreifaltigkeit, Gottvater, Sohn und der Heilige Geist, ist auch so ein Hinweis.

Jetzt wird es vielen Lesern so gehen, wie den Kindern die das erste Mal erfahren, dass es keinen Weihnachtsmann gibt, aber es gibt doch Gott, wir müssen nur ein klein wenig umdenken. Sehr viele Menschen werden das Bild von Gottvater in ihrem Kopf nicht los und sind jetzt einfach enttäuscht, aber das müssen sie nicht. Gott gibt es wirklich, aber er ist keine Materie und diese Erkenntnis ist nicht neu. Diese wird auch von der Kirche zu 100% vertreten, aber von den Menschen zu wenig beachtet.

Auf Grund der Tatsache, dass Gott in Form der Energiewolke ständig um und in uns ist, ist auch abgesichert, dass jedes Gebet, auch wenn es nur stumm gedacht wird, also tonlos ist, bei Gott sofort ankommt. Damit wird alles so herrlich klar und verständlich. Wir können einfach sicher sein, dass Gott immer und überall bei uns ist. Etwas Schöneres kann es gar nicht geben. Wir müssen nicht mehr zweifeln sondern wir wissen, Gott ist immer und überall gegenwärtig, denn er ist in uns.

An dieser Stelle wollen wir uns der Frage annehmen, wenn die allmächtige Energiewolke »Gott« so mächtig und gut ist, wieso gibt es dann soviel Leid, Schmerz, Unglück und Verbrechen auf der Welt? Warum hat Gott das zugelassen? Diese Frage wird immer wieder gestellt und bewegt sehr viele Menschen. Eigentlich dürfte es doch gar keine Kriege geben. Hier müssen wir wieder die Physik zum besseren Verständnis einklinken, denn die Physik ist in Wirklichkeit die Wissenschaft von der Energie »Gott«. Wir wissen, dass es in der Physik **immer** ein Plus und ein Minus gibt. Das heißt, es gibt eine positive und eine negative Energie, es gibt immer einen Pol und einen Gegenpol, anders geht es nicht. Gott, also die göttliche »Energiewolke« ist positiv. Diese Energiewolke hat von Anfang an mit der Kraft der negativen »Energiewolke« zu kämpfen. Beide Energieformen können nicht miteinander, sondern nur gegeneinander arbeiten und agieren (+ und -), gemeinsam bilden sie immer die Größe 0.

Bei der Entstehung des Glaubens an Gott, musste diese Tatsache den unwissenden Menschen irgendwie erklärt werden. So hat man diese negative Energiewolke mit »Hölle« und »Teufel« bezeichnet. Aber auch diese negative Energiewolke ist Bestandteil des »Himmels« (Heaven) und wir müssen damit leben. Die Illustration mit dem »Teufel« hat die Menschen sehr beeindruckt und sie haben darauf auch entsprechend reagiert.

Mit diesem Wissen erklärt sich, warum es gute und böse Menschen gibt. Ein Mensch mit negativer Energie, ist ein böser Mensch. Er ist vom »Teufel« besessen und bestrebt böses zu tun und Schaden anzurichten (Verbrecher aller Art). Ein Mensch mit positiver Energie ist ein guter Mensch. Er hat Gott in sich und ist bestrebt Gutes zu tun und anderen Menschen zu helfen. Hier muss aber unbedingt noch eine Ergänzung zur Erläuterung angebracht werden, denn es klingt so einfach und banal. Man kann also nicht einfach alles in Gut und Böse (+ und -) einteilen, so einfach ist es nicht.

Also auf Grund der Tatsache, dass eine Energiewolke die himmlische Allmacht ist, ist es zunächst natürlich klar, es gibt nur einen Gott auf der ganzen Welt, ganz gleich wie wir ihn nennen. Also auch wenn wir von »Allah« sprechen, sprechen wir von unserem einen gemeinsamen Gott. Die Grundursache allen Übels ist die Unwissenheit der Menschen und die Machtbestrebungen der Bösen. Das war leider schon immer so und ist es noch. Deswegen kann es leider immer noch geschehen, dass Menschen mit einer positiven Energie, also mit Gott im Körper, durch intensive Beeinflussung oder Befehle, ihre positive innere Stimme abschalten und zu Tätern der negativen Energie, also zu Handlangern des Teufels werden.

Also, wenn z.B. ein gläubiger Muslim gesagt bekommt, alle Menschen, welche nicht an Allah glauben, also alle Nichtmuslime, sind Ungläubige und sind im Namen Allahs zu töten, so entspringt dies einer negativen Irrlehre und dadurch entstand der sogenannte »Heilige Krieg«. Menschen lassen sich leider leicht beeinflussen oder unterliegen dem sogenannten »Befehls-notstand«.

Damit können wir z.B. die oft gestellte Frage beantworten: Warum hat Gott nicht den Holocaust oder so manches andere Verbrechen, verhindert?

Gott hat die Menschen mit der Möglichkeit der völlig freien eigenen Entscheidung ausgerüstet und dieser Umstand wird von der negativen Energie (dem Teufel) ausgenutzt. Dort kann Gott nichts verändern und will es auch nicht, denn diese freie Entscheidungsmöglichkeit hat er den Menschen eingeräumt.

Damit klärt sich auch die Frage, welche sich viele gläubige Menschen stellen, warum hat Gott zugelassen, dass Jesus, sein Sohn, so qualvoll sterben musste. Jesus hat, kurz bevor sein Tod eintrat, gerufen: »Vater, warum hast Du mich verlassen«. Dieser Umstand geht auf das o.g. Konto.

Allerdings muss man hier schon etwas tiefer nachdenken. Gottvater hat seinen Sohn nicht verlassen. Er hat ihm jegliche ihm mögliche Hilfe zukommen lassen und ihn kurz nach seinem Tod zu sich geholt. Aber es war ihm nicht möglich, in die Machenschaften der Menschen mit negativer Energie, direkt einzugreifen. Es war auch der Wille Gottes, dass die Menschen an diesen Geschehnissen die Göttlichen Strukturen erkennen sollten.

Es ist schon eigenartig, wenn wir von Gott sprechen, benutzen wir immer wieder »Er«, als wäre es ein männliches Wesen aus Materie. Eigentlich müssten wir »Es« verwenden, aber dann müssten wir »das Gott« sagen und das ist unmöglich. Sämtliche Gefühle in uns würden durcheinander geraten. Nein das geht nicht. Bleiben wir also bei der Vorstellung, die Göttliche Energie ist unser Göttlicher Vater, denn er hat uns und die Welt erschaffen.

Natürlich hat jeder Mensch das Recht zu glauben was er für richtig hält. Er sollte sich aber von Zeit zu Zeit fragen und darüber nachdenken, warum er glaubt und was er glaubt.

In diesem Zusammenhang werden auch immer wieder die Thesen über den freien Willen des menschlichen Geistes diskutiert, ja teilweise lächerlich hochgekocht. Aber ich glaube nicht, dass man z.B. den Befehlszwang in diese Thesen einordnen kann. Denn Befehle und Gehorsamszwang sind rein materielle, von Menschen erdachte Angelegenheiten.

Nichts ist zufällig oder ohne Sinn. Alles ist vorbestimmt und wird von der Göttlichen Allmacht gesteuert. Auch für scheinbar sinnlose Opfer Unschuldiger gibt es Zusammenhänge der Ordnungsgesetze.

Da fällt mir eine Geschichte ein, welche Werner Huemer in seinem Buch »Unsterblich?!« veröffentlicht hat. Diese ist so treffend zu diesem Thema, dass ich sie hier gerne wiedergeben würde.

Die Geschichte von der himmlischen Vergeltung.

Der Eremit Omar saß auf seinem Berge und meditierte über den Lauf der Welt. Da sah er im Tal einen Reiter, der an einer Quelle Rast machte, einen Beutel, den er am Gürtel trug, neben sich auf die Erde legte und niederkniete, um aus der Quelle zu trinken. Er tränkte auch sein Pferd, schwang sich dann in den Sattel und ritt weiter; den Beutel am Boden vergaß er.

Kurz darauf kam ein anderer Reiter zu der Quelle, trank, sah den Beutel, nahm ihn mit und ritt davon.

Noch etwas später kam ein Holzfäller zur Quelle, legte seine Bürde ab, beugte sich über das Wasser und trank. In diesem Augenblick kam der erste Reiter zurück, um seinen vergessenen Beutel aufzunehmen. Als er ihn nicht fand, stellte er den Holzfäller zur Rede, nannte ihn einen Dieb, zog sein Schwert und tötete ihn.

All das sah Omar, der Eremit, und besann sich: »Wo ist da der Sinn des Geschehens? Der Dieb entkommt und das Schicksal ist mit ihm, während der unschuldige Holzfäller für den Diebstahl eines anderen büßen muss. Und der Reiter wird zum Mörder, weil er seinen Beutel vergaß.... Wo, o Allah, bleibt da die Gerechtigkeit?«

Aber der Himmel blieb stumm.

Am folgenden Tage zog ein Weiser über das Gebirge, kehrte in Omars Klause ein und aß und trank mit ihm. Omar erzählte ihm, was am Vortage geschah, und fragte den Weisen, ob er einen Sinn in diesem Geschehen sehe. Der Weise lächelte und sprach: »Nichts, o Ungeduldiger, ist ohne Sinn. Alles, was geschieht, wird durch die steuernden Kräfte des Schicksals bestimmt und folgt den Gesetzen der Ordnung und Weisheit.«

»Davon habe ich nichts gesehen«, murrte der Eremit.

»Du sahst nicht tief und weit genug«, antwortete der Weise. »Du sahst nur das Ende einer langen Kette von Ereignissen, erblicktest letzte Auswirkungen Dir unbekannter Ursachenketten. Du erkanntest den Zusammenhang nicht. So wirkte auf Dich sinnlos, was sich in Wahrheit nach inneren Ordnungsgesetzen vollzog. Was deine Augen sahen ist nur Schein.«

»Wenn Du mehr siehst als ich«, entgegnete Omar, »dann sage mir doch was Du siehst, damit ich es begreife! Du gibst mir damit den Frieden meiner Seele zurück.«

»Du musst selbst zur Erkenntnis finden«, wies ihn der Weise zurück. »Aber da Du ehrlich um den Sinn ringst, will ich Dir die Augen öffnen.«

Und er schloss die Augen und verfiel in jenen Zustand tiefer Versenkung, in dem die Erwachten das Verborgene sehen, als wäre das Buch des Schicksals vor ihnen aufgetan.

Nach einer Weile öffnete er die Augen, blickte Omar an und sprach:

»Höre und verstehe: Der Reiter, der den Beutel vergaß, war ein Räuber. Er hatte den Beutel gestohlen. Doch er **sollte** sich seiner Beute nicht freuen. Der Mann, der den Beutel fand und davon ritt, war des Bestohlenen Sohn, den der Räuber um sein Erbe gebracht hatte. Lange schon verfolgte er des Räubers Spur, ohne ihn einholen zu können. Da schenkte ihm Allahs Gnade das Geld zurück, das seinem Vater gehört.«

»Aber warum musste der unschuldige Holzfäller sterben?« fragte Omar.» Er hat doch mit dieser Sache nichts zu tun!«

»Nur mit dem Beutel nicht«, antwortete der Weise, »aber sonst gehört er mit in den gleichen Schicksalszusammenhang: Vor Jahren erschlug er einen Reisenden im Walde. Nie hat ein irdischer Richter davon erfahren. Aber die himmlische Vergeltung traf ihn, als seine Stunde gekommen war.

Der Reiter freilich wusste davon nicht, jetzt hetzt ihn die Stimme seines Gewissens, und das Schicksal lässt ihn nicht entkommen. Er reitet durch die Berge wie vom Bösen verfolgt.

Der Mann aber, der den Beutel aufnahm und den Du für einen Dieb hieltest, hat seinem Vater das Geld gebracht, der seinerseits durch den Schrecken ob des Verlustes für seinen Geiz bestraft wurde. Jetzt freut der Alte sich mit seinem Sohn und nimmt den Wink des Schicksals zum Anlass, sich zu bessern. Er hat nicht mehr lange zu leben.

Doch zur Umkehr ist es niemals zu spät.«

Ich glaube es gibt keine Geschichte, die besser und treffender den Einfluss Gottes auf unser Schicksal und unser Leben zum Ausdruck bringt. Damit wird klar, der Tag der Vergeltung für jede schlechte Tat und der Belohnung für jede gute Tat kommt für jeden Menschen irgendwann, wenn es soweit ist. Dies alles ist nur denkbar und möglich, wenn Gott eine Energiewolke (Energiefeld) ist, wie beschrieben, und so zu jeder Zeit überall und bei oder in jedem Menschen sein kann.

Die Aussage: »Der Mensch ist Teil des Universums« ist zwar richtig, bezieht sich aber nur auf den Geist, das Energiefeld des Menschen. Mit den materiellen Bausteinen, den Zellen und Molekülen, hat das nichts zu tun.

Der US-Amerikanische Mediziner und Autor Larry Dossey

ist davon überzeugt, dass der Geist (Energiefeld) als Träger des menschlichen Bewusstseins weit über die individuelle Ich-Wahrnehmung hinaus reicht. Er nennt das »One Mind«, den »Einen Geist«. Richtig erkannt, aber er verfehlt die Erkennung der Verbindung Geist = Energie, mit der Konsequenz des Ursprungs des Lebens aus der Energiewolke (Energiefeld) Gott. Auch der berühmte Österr. Phys.-Nobelpreisträger Erwin Schrödinger (1887 – 1961) weist in seinem Werk »Geist und Materie« darauf hin, **dass der Geist unzerstörbar ist.** Der Geist (Energiefeld) kann nicht durch die Zeit zerstört werden. Das entspricht genau dem Energieerhaltungsgesetz der Physik.

Sehr viele Wissenschaftler und Philosophen haben es schon festgestellt und auch darüber geschrieben, dass der Mensch die »Manifestation einer tieferen Energie ist«. Aber die letztlich daraus resultierende Konsequenz und Tatsache des Ursprungs des Lebens nicht erkannt oder sie haben sich gescheut es auszusprechen.

In den vergangenen Jahrhunderten haben viele berühmte Wissenschaftler, denen man bedingungslos geglaubt hat, Dinge behauptet, welche man dann viel später als Irrlehre oder blanken Unsinn erkannt hat. Allerdings wer gegen diese Irrlehren gesprochen hat, hat sein Leben riskiert. Genauso ist es mit der Frage nach Gott und der Menschlichen Existenz.

Jede Wahrheit braucht seine Zeit zur Erkennung.

Wissen und Können bedeutet Erfahren und Merken. Der eigentliche Wissensspeicher ist nicht das Gehirn allein, sondern der Geist, das Energiefeld des Menschen. Der Geist leitet das gespeicherte Wissen an die Gehirnzellen zur Anwendung. Werden die Gehirnzellen durch Krankheit geschädigt, kann das gespeicherte Wissen zwar nicht mehr angewendet werden, geht aber nicht verloren sondern wird mit der Reinkarnation weiter gegeben.

Ich bin der festen Überzeugung, dass unsere Vorfahren mehr über diese Zusammenhänge wussten, als wir vermuten. In der

Japanischen Sprache z.B., ist »Gott« und »Geist« das gleiche Wort. Das kann doch kein Zufall sein!

Joh. Seb. Bach formuliert in einem seiner Lieder: »Komm Heiliger Geist, Herre Gott«. Es gibt noch viele solcher Beispiele.

Kapitel 4

Beweisführung

Die Frage »Wo ist Gott«, haben wir also schon beantwortet. Nun gilt es dafür Beweise zu erbringen. Eines möchte ich aber dazu noch voraus schicken. Wenn man nicht gewillt ist, darüber nachzudenken und von Vornherein der festen Überzeugung ist, dass diese Beweise nur Zufälle sind, dann nützen alle Erklärungen nichts. Mit anderen Worten, wer absolut nicht an Gott glauben will oder kann, und der Überzeugung ist, dass es ihn nicht gibt, dem kann nicht geholfen werden. Dem wird aber deshalb kein Leid geschehen und der wird genauso weiterleben wie bisher, aber er versäumt viel. Es wird auch keine Strafen im Jenseits geben, wie früher immer angedroht wurde. Gott liebt auch die Menschen die nicht an ihn glauben, was ich am eigenen Leib erfahren durfte. Ich werde noch darüber berichten.

Bevor ich mit der Beweisführung durch eigene Erlebnisse berichte, möchte ich noch mal die Ereignisse um Moses und den Exodus erwähnen.

Bitte erinnern Sie sich, ich fragte, wieso ist Moses auf die Idee gekommen, in seiner Not an dem bewussten Fels nach Wasser zu suchen?

Nun, ein von Gott abgesandter Schutzengel (Energiewolke) war in Moses und hat ihn geleitet. Moses hat unbewusst reagiert und das getan, was der Schutzengel wollte. Solche Reaktionen haben mir mehrfach das Leben gerettet, wie wir noch hören werden.

In der weiteren Beweisführung werde ich Ereignisse aus meinem eigenen Leben schildern.

Als ich 14 Jahre alt war, hatte Gott für mich überhaupt keine Bedeutung. Ich war zwar im Kirchenchor, aber mein Herz war nicht dabei. So begann mein Leben als Jugendlicher und als Atheist.

Im gleichen Jahr lernte ich ein Mädchen kennen und verliebte mich in sie, nennen wir sie Inge. Wir praktizierten eine Kinderliebe, d.h., wir gingen spazieren, spielten Himmel, sprachen viel miteinander, aber tauschten nicht einen einzigen Kuss aus. Wir waren eben noch Kinder.

Ein Jahr später, ich war 15 Jahre alt und wir schrieben das Jahr 1944, erkrankte meine Inge an Lungen TBC. Meine Mutter hatte berechtigter Weise große Sorgen, dass ich mich anstecken könnte und bedrängte mich, dass ich sie nicht mehr treffen sollte. Ich habe nicht auf sie gehört und wir haben uns weiterhin getroffen. Ihr Zustand verschlechterte sich sehr schnell und sie musste in ein Krankenhaus. Auch dort habe ich sie weiter besucht. Ich habe sie geliebt, wie eben ein Kind lieben kann.

Gegen Ende 1944 ist sie verstorben. Ich war sehr traurig und habe viel geweint.

Etwa ein halbes Jahr später, am 13. Februar 1945, ich war gerade 16 Jahre alt geworden, war der große Luftangriff auf Dresden. Ich hatte in dieser Nacht Dienst als DRK-Helfer auf dem Hauptbahnhof in Dresden. Wegen der Notlage durch Flüchtlinge, hatte ich mich freiwillig dazu gemeldet. Meine Aufgabe war, gemeinsam mit einer DRK-Schwester Getränke und Speisen auf die Bahnsteige an die Züge zu bringen.

Was ich in dieser Nacht erleben musste kann ich hier nicht wiederholen, es steht in meinem Buch »Mein Leben im Wandel der Zeiten«. Fest steht, dass ich diese Nacht auf keinen Fall überlebt hätte, wenn ich nicht den Beistand eines Schutzengels, welcher im Auftrag Gottes bei mir war, gehabt hätte. Das hört sich an wie ein unwirkliches Märchen oder Phantasterei, aber es stimmt. Allerdings ist mir diese Tatsache erst viel, viel später bewusst geworden. Die Seele (Energiewolke) meiner verstorbenen Inge war als »Schutzengel« in mir. Ich habe in dieser Nacht sehr viele Entscheidungen treffen müssen, welche über Leben und Tod entschieden haben. Jede meiner Entscheidungen war richtig und nicht eine Einzige habe ich bewusst getroffen. Ich habe in dieser Nacht völlig unbewusst reagiert und nie agiert.

Dies ist das wichtigste Merkmal eines agierenden Schutzengels. Man tut das Richtige im richtigen Moment, ohne dass man sich darüber bewusst ist. Man handelt im Unterbewusstsein und führt die Befehle seines Schutzengels aus, ohne dass man es registriert.

Ich bin durch den Bombenhagel, den Splitterregen und das Flammenmeer gerannt, ohne zu überlegen und ohne Ängste. Ich habe gesehen wie Menschen durch den Sog im Feuersturm in die Flammenhölle gesaugt wurden und Menschen von herabstürzenden Trümmern erschlagen wurden. In dieser Nacht habe ich dem Tod tausendfach in seine Fratze gesehen. Das ist natürlich symbolisch zu verstehen.

Ich hatte ja bereits erwähnt, dass der Geist eines verstorbenen, sich als Schutzengel mit Gottes Genehmigung, in den Körper eines ihm nahestehenden Menschen begeben kann. So hat mir bewiesener Maßen meine verstorbene Freundin Inge das erste Mal das Leben gerettet. Es sollte aber nicht das einzige Mal gewesen sein.

Zwei Wochen nach dem Bombenangriff auf Dresden, also Ende Februar 1945, wurde ich mit 16 Jahren zur Wehrmacht eingezogen. Da ich bereits eine Wehrausbildung hinter mir hatte, wurde ich direkt als Panzerjäger an die Front geschickt. In einem Panzerjagdkommando kam ich zum Einsatz. Die Erlebnisberichte habe ich ebenfalls in meinem Buch »Mein Leben im Wandel der Zeiten« veröffentlicht.

Am schlimmsten war der letzte Einsatz am 08.05.1945 in Hartha bei Tharandt. Bei diesem Einsatz, ein Spähtrupp, sind von 11 Mann, 9 gefallen. Das ich diese Einsätze überlebt habe ist genauso ein Wunder, wie die Angriffsnacht in Dresden. Ich bin auch hier fest davon überzeugt, dass ich es nur Gott und meinem Schutzengel Inge zu verdanken habe. Es gibt keine andere Möglichkeit. Damit sind wir aber noch lange nicht am Ende.

In der Nachkriegszeit gab es sehr vielfältige Gefahren. Abgesehen von Hunger, Kälte und den gefährlichen Gegenmaßnahmen, ich meine damit das »Organisieren« von Lebensmitteln und Heizmaterial. Da gab es noch sehr spezielle Gefahren. Ein Beispiel hierzu.

Mein Bruder Walter (Jahrgang 1921) war Autoschlosser und arbeitete in einer Autowerkstatt in Dresden-Löbtau. Für die gesamte Bevölkerung bestand zu dieser Zeit (1945) absolutes Ausgangsverbot ab 21 Uhr. Es war bereits 22.30 Uhr und mein Bruder war immer noch nicht zu Hause. Die Werkstatt besaß zwar ein Telefon, aber wir zu Hause nicht. Telefon war absoluter Luxus und an Handys war da noch lange nicht zu denken. Ich war sehr in Sorge, denn es war mehr als ungewöhnlich, dass mein Bruder noch nicht zu Hause war. So beschloss ich, gegen den Protest meiner Mutter, mich auf den Weg zu machen, um nach ihm zu schauen. Dieses Unterfangen war absolut lebensgefährlich, da während der Ausgangssperre ohne Anruf geschossen wurde und ich musste auf meinem Weg direkt am Eingang der Sowjetischen Militärkommandantur auf der Reisewitzer Str. vorbei. Die Nacht war windig und mäßig bewölkt. Es war Halbmond. Der Wind trieb die Wolken vor sich her, welche deshalb immer wieder den Mond bedeckten und wieder frei gaben. Straßenbeleuchtung gab es keine, es war ja alles zerstört.

Immer im Moment des verdeckten Mondes, also bei relativer Dunkelheit, bin ich ganz nah am Rand der Straße gelaufen und im Moment des freien Mondlichtes hab ich mich in das Schnittgerinne gelegt und bin vorsichtig weiter gerobbt. So bin ich mehr gerobbt als gelaufen und habe nach langer Zeit die Autowerkstatt erreicht. Ich sah schon von weitem, dass da noch Licht brannte. Darüber war ich sehr froh, denn ich überlegte mir, wenn jetzt dort geschlossen wäre, müsste ich den ganzen Weg wieder zurück robben. Entschlossen trat ich an das große

Tor und öffnete es. Ich sah zwei Sowjetische Offiziere und vier Autoschlosser, darunter auch mein Bruder Walter, deren Blicke sich sofort auf mich richteten.

Mein Bruder fragte erschrocken: »Wo kommst Du denn her?« Ich antwortete: »Na von zu Hause, wir haben uns große Sorgen gemacht, weil Du nicht nach Hause gekommen bist«. Einer der Offiziere wandte sich an mich und sagte in einwandfreiem Deutsch:

«Es ist doch schon lange Ausgangssperre, was machen Sie denn da noch auf der Straße?« Aber meine Antwort an meinen Bruder schien ihm zu genügen. Mein Bruder erklärte mir, dass er den Auftrag hatte, das Privatauto des Herrn Offiziers zu reparieren und deshalb länger arbeiten musste. Das Auto war fertig. Der Offizier hat sich sehr gefreut und uns beide nach Hause gefahren.

Die Geschichte ist sehr interessant, aber damit erhebt sich die Frage: Wieso wurde ich derartig beschützt, genau wie im Krieg? Wieso habe ich immer die richtigen Entscheidungen getroffen und das richtige getan ohne selbst darüber nachzudenken? Das wären entschieden zu viele Zufälle. Es gibt nur eine Antwort: Gott und mein Schutzengel.

Solche und ähnliche Geschichten aus der Nachkriegszeit gibt es noch sehr sehr viele. Diese sind ausführlich erzählt und beschrieben in meinem bereits erwähnten Buch. Deshalb möchte ich diese Geschichten hier nicht wiederholen.

Wie ich bereits berichtete, war meine Kinderliebe Inge an Lungen-TBC erkrankt und 1944 daran verstorben. Meine liebe Mutter machte sich, verständlicherweise, damals ernste Sorgen, dass ich auch daran erkranken könnte, und sie sollte Recht behalten. 1953, also im Alter von 24 Jahren, wurde bei mir eine Lungen-TBC diagnostiziert. Die meisten Patienten mit dieser Krankheit sind damals daran verstorben. Entsprechend groß war natürlich auch die Angst. Ich musste von einer Minute auf die Andere meine Arbeit niederlegen und sofort zu Hause mit der Liegekur beginnen. Liegekur bedeutet so viel wie absolute Bettruhe, nur dass man nicht im Bett, sondern auf dem Balkon in frischer Luft, in einem Liegestuhl oder ähnliches liegen muss. Dazu kommen noch strenge Ernährungsvorschriften wie Lebertran, Ziegenmilch, Pferdefleisch, Speck und täglich einen Liter Bier, also alles Dinge mit bestimmten Mineralien, welche die Verkapselung des Tuberkelherdes unterstützen. Es war damals nicht einfach, diese Nahrungsmittel zu beschaffen. Meine liebe Mutter (Gott hab sie selig), hat mir nicht ein einziges mal einen Vorwurf wegen meiner Beziehung zu meiner Inge gemacht, aber war tagtäglich für mich unterwegs um Ziegenmilch und die anderen Dinge zu beschaffen.

Natürlich wurde ich sofort in eine Lungenheilanstalt eingewiesen. Das Problem war, es gab kein freies Bett. Obwohl es damals sehr viele TBC-Heilstätten gab, reichte die Kapazität nie aus und es gab lange Wartezeiten. Deshalb musste ich meine Liegekur zu Hause beginnen. Die Einschätzung der Fachärzte war, etwa sechs Monate Wartezeit und anschließend etwa drei Jahre Heilanstalt, falls ich es überleben sollte. Diese Krankheit war mit einem Todesurteil gleich zu setzen. Medikamente dagegen gab es damals noch nicht.

Genau nach sechs Monaten, ich hatte inzwischen ca. 20 kg zugenommen und sah aus wie eine aufgeblasene Puppe, erhielt ich die verbindliche Einweisung und musste zur Aufnahmeuntersuchung zum Facharzt für Pneumologie. Zwei Ärzte untersuchten mich und hatten die alten und die neuen Röntgenaufnahmen in der Hand. Immer wieder tauschten sie die Aufnahmen, berieten sich und schüttelten den Kopf. Dann sprach der Chefarzt mit mir:

»Sagen Sie mal, Herr Hanitzsch, was haben Sie denn gemacht. Ihr Tuberkelherd hat sich innerhalb von sechs Monaten völlig verkapselt und gilt damit als ausgeheilt. Das ist normalerweise gar nicht möglich und das hat es auch noch nie gegeben. Unser gesamtes medizinisches Wissen bringen Sie durcheinander und stellen es auf den Kopf. Sie sind wieder gesund und können wieder anfangen mit arbeiten. Zunächst eine Stunde täglich, nach vier Wochen, halbe Tage und nach weiteren vier Wochen voll. Wir wünschen Ihnen alles Gute und möchten Sie hier nie wiedersehen. Machen Sie's gut.«

Damit war ich als geheilt entlassen.

Nun muss ich Sie wieder fragen, Zufall? Nein, niemals. Das wäre zu krass und ich halte es für nicht möglich. Also bleibt nur die eine Schlussfolgerung: Gott und mein Schutzengel.

Ich habe mich sehr lange mit diesem Problem, den sogenannten Schnell- oder Spontanheilungen befasst und bin zu dem Ergebnis gekommen, dass es sehr wohl möglich ist.

Die Erkenntnis, dass sich der Geist oder die Seele (Energiewolke) eines verstorbenen in unseren Körper setzt und denselben beeinflusst, bringt uns diese Gewissheit. Auch die »unbefleckte Empfängnis« gehört hierher und lief so ab.

Noch ein Beispiel aus diesem Gebiet.

In der Nähe von Siegsdorf (Traunstein) in Oberbayern, befindet sich ein kleines Dorf mit Namen »Maria Eck«. Dort ganz in der Nähe in einem Waldstück war vor etwa 500 Jahren ein Bauer mit Holzeinschlag beschäftigt. Dabei verletzte er sich so schwer, dass er zu verbluten drohte. Dieses Dorf gab es damals noch nicht und der Bauer befand sich weit ab von einer menschlichen Siedlung. An einer dortigen Quelle wusch er seine Wunden, betete zu Gott und rief die Mutter Gottes, Maria, um Hilfe an. Der Bauer überlebte und wurde wieder gesund. Aus Dankbarkeit baute er an dieser Quelle eine kleine Kapelle.

Diese Geschichte sprach sich schnell herum und viele Menschen mit Krankheiten oder Gebrechen kamen dorthin um Maria um Hilfe zu bitten. Es wurde so vielen Menschen nachweislich geholfen, dass deshalb das Dorf »Maria Eck« entstand, was es ja heute noch gibt. Aus der kleinen »Marien Kapelle« entstand eine kleine Kirche und daneben siedelte sich ein Kloster an. Alles ist heute noch in Betrieb und kann besucht werden. Diese

Geschichte musste ich Ihnen erzählen, damit sie die eigentliche Geschichte um die es mir geht, verstehen.

Anfang der 1990ziger Jahre, wir wohnten zu dieser Zeit in Bergneustadt in NRW, erkrankte ich. Ich hatte plötzlich sehr starke Kopfschmerzen mit unklarer Herkunft. Das Schmerzzentrum saß zwischen Nacken und Hinterkopf.

Zu dieser Zeit gab es weder Computer-Tomographie noch Magnet-Resonanz-Tomographie. Aber ich wurde nach dem damaligen Stand der Wissenschaft gründlich untersucht und es wurde eine Nerven Entzündung in der oberen Halswirbelsäule diagnostiziert. Die Schmerzen waren sehr stark und ich konnte den Kopf kaum noch bewegen.

Wir hatten schon lange einen Besuch bei meiner Schwester Ursula in Siegsdorf geplant und wollten denselben nicht absagen, deshalb fuhren wir dort hin. Während dieses Aufenthaltes, fiel mir die Geschichte von Maria Eck ein, was ja ganz in der Nähe ist. Also fuhren wir eines Tages zu dem besagten Kloster und besuchten die Marien-Kapelle. Ich hatte entsetzliche Schmerzen und war sehr verzweifelt. Vor der Marien-Quelle kniete ich nieder und betete. Mit der Hand schöpfte ich etwas Wasser aus der Quelle und brachte es an die schmerzende Stelle im Nacken. So verweilte ich etwa 10 Minuten an dieser Stelle, bis der Schmerz nach lies. Nach weiteren 6 – 8 Minuten bin ich aufgestanden, habe vorsichtig meinen Kopf gedreht und konnte dann völlig schmerzfrei diesen Ort verlassen.

Da ich Konzertzither spiele, hab ich dann in den darauf folgenden Tagen, aus Dankbarkeit, ein Konzertstück für Zither, mit dem Titel »Glocken von Maria Eck« komponiert und dem Kloster geschenkt. Dort kommt es einmal im Jahr, während eines Freiluftgottesdienstes, zur Aufführung.

Eine solche Spontanheilung ist nur möglich und denkbar, wenn sich wie oben beschrieben, die Göttliche Energie in einen Körper setzt. Diese Tatsache lässt sich sehr vielfältig beweisen. Bei mir war es also bereits die zweite Heilung. Dabei kann man zwei unterschiedliche Möglichkeiten beobachten. Die eine Möglichkeit ist, ein sogenannter Schutzengel (Energiefeld) befindet sich ständig im Körper und löst bei Bedarf mögliche Spontanheilungen aus. Die zweite Möglichkeit, es gibt keinen ständigen Schutzengel, aber der Geist (Energiefeld) eines nahen Verwanden oder guten Freundes nimmt sich spontan dieser Sache an. Hierbei kann es ein Problem geben. Wenn z.b. diesem guten Geist (Energiefeld) der Zugang zu dem kranken Menschen durch ein negatives Energiefeld (böser Geist) versperrt wird, kann seine Hilfe nicht wirksam werden.

Am 30.03.1957 heiratete ich meine Frau Christa. Zu diesem Zeitpunkt gab es noch nicht die eklatanten Reisebeschränkungen der späteren DDR. Wir hatten die Möglichkeit über Freunde eine Studentenreise der Freien Universität Westberlin nach Paris zu buchen und wollten das als Hochzeitsreise machen. Als Studentenreise war diese Reise sehr preiswert. Womit wir allerdings nicht gerechnet hatten, war die damalige Sturheit der Botschaften Frankreichs und der Anliegerländer. Wir waren DDR-Bürger und damit als Kommunisten abgestempelt, erhielten weder ein Durchreise- noch ein Einreisevisum. So waren wir gezwungen, unsere Buchung einen Tag vor der Abreise zu stornieren. Wegen des außergewöhnlichen Falles erhielten wir das Geld jedoch zurück.

Da wir aber nun mal auf reisen eingestellt waren, gingen wir in Westberlin in das nächste Reisebüro und buchten eine Busreise für 12 Tage nach Gries am Brenner in Österreich. Es war Anfang April und diese Reise war eine Werbereise. Deshalb war sie besonders preiswert. Kleidungsmäßig waren wir für Paris vorbereitet aber nicht für die Alpen, haben es aber trotzdem riskiert. Es war ein ungeheures Abenteuer.

Also eines Tages wollten einige Gäste aus dem Hotel eine Tour auf einen mittleren Gipfel machen und ich habe mich natürlich angeschlossen. Für eine solche Bergtour war ich natürlich überhaupt nicht ausgerüstet. In mittlerer Höhe befand sich eine bewirtschaftete Hütte, dort setzten sich die Frauen unserer Gruppe rein, um auf unsere Rückkehr zu warten. Die Männer setzten den Aufstieg fort. Oberhalb der Bewachsungsgrenze lagen etwa noch 50 bis 60 cm Schnee. Da ich nur normale Kordhosen trug, musste ich mir die Hosenbeine mit Strick zu binden um durch den hohen Schnee stapfen zu können.

Damals besaß ich eine Schmalfilmkamera AK 8 und wollte natürlich so viel wie möglich filmen. Durch diese Tätigkeit war ich zeitweise sehr abgelenkt und habe zum Zeitpunkt des Abstieges den Anschluss an die Gruppe verpasst. Die Folge war, die Gruppe war plötzlich nicht mehr zu sehen und ich hatte die Orientierung verloren. Ich wusste zwar, dass ich talwärts musste, aber ich wusste nicht in welche Richtung. Also bin ich auf gut Glück talwärts über die Felsen durch den Schnee gestapft. Alles sah gleich aus. Spuren im Schnee gab es keine mehr, die waren längst verweht. Die Zeit verging und mir wurde sehr kalt, ich hatte ja nur ein normales Jackett an.

Inzwischen wurde es dunkel und ich hatte die Orientierung völlig verloren. Nach etwa zwei Stunden erreichte ich einen Waldweg, welcher quer zum Berg verlief. Ich blieb stehen und wusste nicht, ob ich nach links oder rechts laufen sollte. Genau in diesem Moment kam ein sehr alter Mann mit einem Korb auf dem Rücken auf diesem Weg gelaufen, den ich fragen konnte. Er erklärte mir den Weg zu der besagten Hütte, die ich dadurch eine Stunde später erreichte. Die Gruppe war gerade im Begriff die Bergwacht zu alarmieren.

Natürlich kann man sagen, so ein Zufall. Rein theoretisch liegt das ja auch im Bereich der Möglichkeiten. Aber das sind mir in meinem Leben zu viele solcher Zufälle und deshalb bin ich überzeugt, dass sind keine Zufälle sondern von Gott und den Schutzengeln (Energiewolken) gelenkte Ereignisse. Inzwischen wissen wir ja auch, dass es solche oder ähnliche Zufälle überhaupt nicht gibt, sondern dass alles von der Göttlichen Energie gesteuert wird.

Wenden wir uns nun der Frage zu, wie können wir im Alltag evtl. die Anwesenheit von Geistwesen (Energiewolken), bemerken oder Nachweisen?

Zunächst möchte ich Ihnen einige interessante Ereignisse als Vorgeschichte dazu erzählen.

In den Jahren 1980 bis 1990 ging es mir und auch meinem Sohn Helge gesundheitlich schlecht. Wir wohnten damals in Dresden, auf der Hohendölzschener Str. 6. Bei mir wurde eine Angina Pectoris und div. Gefäßverschlüsse diagnostiziert. Man trug sich mit dem Gedanken, mich vorzeitig in Rente zu schicken. Dann kam die Wende, das Ende der DDR. Wir verlegten unseren Wohnsitz von Dresden nach Bergneustadt in NRW. Von diesem Moment an ging es mir besser. Nach etwa zwei Monaten musste ich wegen einer Kontrolle den Arzt aufsuchen. Nach gründlicher Untersuchung wurde festgestellt, dass weder eine Angina Pectoris noch andere Gefäßverschlüsse festgestellt werden konnten. Niemand konnte sich vorstellen, wie es zu dieser Diagnose in Dresden kommen konnte, obwohl diese in einem renommierten Krankenhaus gestellt wurde. Der Vorfall geriet in Vergessenheit und ich konnte ganz normal weiter arbeiten. Hier muss ich besonders darauf hinweisen, dass meine gesundheitlichen Probleme **nach** dem Wechsel meines Wohnsitzes und vermutlich auch **durch** diesen, verschwunden sind.

Zur gleichen Zeit hatte mein Sohn Helge durch Zufall Kontakt mit einer Geistheilerin in Berlin, welche ihm bei seinem Anblick auf Anhieb sagte, was für gesundheitliche Probleme er hat und alle trafen zu. Sie hatte umfassende Kenntnisse über Geistwesen und sagte ihm, dass zwei Arten seinen Gesundheitszustand negativ beeinflussen. Zum ersten hält sich ein Geistwesen (Energiewolke) schon sehr lange direkt in unserem Haus auf und zum zweiten besuchen mehrere Geistwesen (Energiewolken) immer wieder sporadisch unser Haus. Also theoretisch konnten diese Geistwesen auch für meine Gesundheitsprobleme verantwortlich gewesen sein. Wir sind der Sache nachgegangen und haben recherchiert. Diese Recherchen haben folgendes ergeben:

Unser Haus, eine Villa, wurde 1904 von einem Geheimrat erbaut, welcher zwei Töchter hatte. Eine dieser Töchter hat sich 1920 in Ihrem Zimmer im Obergeschoss dieses Hauses, im Alter von 18 Jahren, erhangen. Ihre Seele (Energiewolke), war nicht in der Lage den Ort ihrer Liebe und des Leidens zu verlassen. Das war also das Geistwesen welches ständig im Haus war.

In Pesterwitz, einem kleinen Ort etwa 6 km südlich von unserem Haus entfernt, fand 1870 eine kriegerische Auseinandersetzung statt. Bei dieser Schlacht gab es sehr viele Tode, welche auf einem freien Feld in der Nähe von Pesterwitz, in einem Massengrab beigesetzt wurden. Ein Teil dieser Seelen (Energiewolken) sind nicht in der Lage, sich vom Ort des grausamen Geschehens zu entfernen und halten sich unter Anderem auch zeitweise in unserem Haus auf. Bei diesen Geistwesen (Energiewolken) kann man nicht wissen ob sie positiv (gut) oder negativ (böse) sind. Es kann auch ein Teil so und der andere Teil so sein. Deshalb kommt es zu einer unterschiedlichen Beeinflussung der Menschen mit denen sie in Berührung kommen. Damit war klar, wo die gesundheitlichen Probleme herkamen und warum bei mir diese in Bergneustadt verschwunden sind.

Diese Geschichte merken wir uns, wir kommen etwas später wieder darauf zurück.

Also wir wohnten nun in Bergneustadt, NRW. Dort kauften wir uns eines Tages zwei Nachttisch Lampen mit »Touch on«-Schaltung. Das bedeutet, man berührt zum Ein- oder Ausschalten nur mit dem Finger das Metallgehäuse der Lampe. Etwa 8 Jahre nach dieser Anschaffung haben wir unseren Wohnsitz wieder nach Dresden verlegt. Während dieser 8 Jahre hatten wir nicht eine einzige Betriebsstörung an diesen beiden Lampen. Wir haben unsere Wohnung in Dresden wieder eingerichtet und die beiden Lampen dort in Betrieb genommen. Bereits in der ersten Nacht, schalteten sich beide Lampen von selbst zur gleichen Zeit ein. Natürlich erhält man einen gehörigen Schreck, wenn mitten in der Nacht plötzlich das Licht angeht. Nun muss man wissen, dass diese »touch on«-Schaltung über die Veränderung der Kapazität der Oberfläche des Lampengehäuses reagiert. Es ist also nicht möglich, dass die Lampen durch irgendwelche Funksignale oder -wellen jedweder Art zufällig eingeschaltet werden. Einen evtl. Defekt an der Lampe kann man völlig ausschließen. Ein solcher, gleich welcher Art, würde nur bewirken, dass sich die Lampen nicht mehr betätigen lassen, d.h. man könnte sie nicht mehr einschalten. Hinzu kommt noch, dass es mehr als unwahrscheinlich ist, dass an zwei getrennten Geräten (Lampen) im gleichen Moment die gleichen Störungen auftreten.

Dieses selbsttätige Einschalten ist jahrelang aufgetreten, ganz gleich ob wir zu Hause waren oder nicht. Ob es Tag oder Nacht war. Wir mussten dann die Lampen außer Betrieb setzen. Inzwischen habe ich die »touch on«-Technik umgebaut auf Normalschalter.

Für mich ist dieser Vorgang der Beweis, dass umherfliegende Geistwesen (Energiewolke oder -feld) die Gehäuseoberflächen der Lampen so beeinflussen, dass der Schaltvorgang ausgelöst wird. Die Berührung der Lampen durch die Geistwesen (Energiefeld) erfolgt unbewusst und zufällig bei dem Vorbeiflug.

Damit ist der Nachweis von Energiefeldern (Geistwesen) in diesem Raum erbracht.

Viele Menschen stoßen sich an dem Begriff »Geist« oder »Geistwesen« weil sie diesen Begriff mit weißen Gespenstern zusammen bringen. Ein Gespenst ist ein von Menschen erdachtes Fabelwesen, welche es nicht gibt. Aber der gedankliche Ursprung geht auf die Seelen der Menschen, also auf die »Energiefelder« (Geistwesen) zurück. Damit drängt sich der Gedanke auf, dass das Wissen über diese Zusammenhänge

Geist, Seele, Körper und Energie, schon einmal viel größer war, als es z.Zt. ist.

Kapitel 5

Stellung der Kirche

Viele Leser werden jetzt vielleicht denken, dass ich etwas gegen die Kirche habe und möchte deren Lehre antasten, aber weit gefehlt. Ich bin nicht nur Mitglied der Ev. Luth. Kirche, sondern ein absolut gläubiger und praktizierender Christ. In der Kirche fühle ich mich richtig wohl und nehme jede Gelegenheit zu Gesprächen wahr.

Die kirchliche Gemeinde schart sich um Jesus Christus, den Sohn Gottes und verbreitet seine Lehren. Alles was da gesagt und gepredigt wird ist die reine Wahrheit. Die Kirche sagt:»Gott ist keine Materie und deshalb nicht sichtbar«. Genau das sage ich auch und daran gibt es keinerlei Zweifel. Lediglich die Weiterführung der Gedanken, wenn Gott keine Materie und deshalb nicht sichtbar ist, was ist er dann? Diese Weiterführung fehlt.

Die Kirche erzählt die wahre Geschichte von Jesus Christus und seiner Mutter Maria. Das einzige was die Kirche nicht ausdrücklich erwähnt, ist, dass Gott ein Energiefeld oder Energiewolke ist. Aber das ist die einzige reale Möglichkeit die bleibt. Die Beweislage ist erdrückend. Als reale Schlussfolgerung daraus, kommt die Theorie der Reinkarnation ins Spiel. Dies ist der einzige Punkt, wo meine Aussage nicht mit der, der Kirche übereinstimmt. Aber es gibt keine andere Deutung der historisch aufgetretenen Tatsachen. Die Kirche sagt nach wie vor, es gibt keine Reinkarnation, jeder Mensch ist ein von Gott einmalig erschaffenes Wesen. Natürlich ist es das! Der Mensch, d.h. die Materie, der Körper, ist einmalig und individuell erschaffen. Wir dürfen hier auf keinen Fall die Erschaffung des Körpers und die geistige Belebung desselben in einen Topf werfen. Beides geschieht völlig getrennt voneinander. Die geistige Belebung ist in jedem Fall und immer mit einer, nennen wir es mal, Teilreinkarnation verbunden.

Noch schwerwiegender ist allerdings meine Aussage, dass es keine Auferstehung der Toten im Sinne der Auferstehung des Körpers der Verstorbenen geben kann. Die Körper sind wieder zu Erde geworden. Die Kirche sagt selbst:»Erde zu Erde, Asche zu Asche«. Also es geht lediglich um die Tatsache, dass ein verstorbener zerfallener Körper nicht wieder zu einem lebenden Körper werden kann. Gott erschafft zwar aus dem (fast)nichts einen menschlichen Körper, aber aus Asche oder Staub ist es nicht möglich und von der Göttlichen Allmacht nicht vorgesehen. Dies ist der einzige Punkt wo wir etwas ändern müssen. **Natürlich gibt es die Auferstehung, aber eben die Auferstehung des Geistes** und das ist Reinkarnation.

Ich möchte sogar noch weiter gehen und sagen, selbst die Geschichte vom Tod Jesus Christus beinhaltet schon einen Beweis meiner Aussage. Die Überlieferungen berichten, dass Jesus Christus auferstanden ist, aber die Jünger haben ihn nicht erkannt. Also er sah wahrscheinlich ganz anders aus und musste Beweise erbringen, dass er es wirklich ist. Hier geht es natürlich nicht um eine normale»Reinkarnation«, denn der Geist von Jesus Christus ist in diesem Fall in den Körper eines erwachsenen Menschen gefahren. Schließlich handelt es sich ja um den Sohn Gottes. Das Wunder»Menschwerdung« hat uns Gott hier zum zweiten mal vorgeführt.

An dieser Stelle möchte ich ganz besonders auf den 2. Korinther 5 hinweisen. Dort steht eindeutig und klar:

„Das wissen wir: Unser irdischer Leib ist vergänglich; er gleicht einem Zelt,das eines Tages abgebrochen wird. Dann erhalten wir einen neuen Leib, eine Behausung, die nicht von Menschen errichtet ist. Gott hält sie im Himmel für uns bereit, und sie wird ewig bleiben."

Genau das ist mit dem Text in unserem Glaubensbekenntnis „Ich glaube an die Auferstehung der Toten und das ewige Leben" gemeint. Bei der Verbindung der Gedanken zu der „Auferstehung des irdischen Leibes" ist leider der Wunsch der Vater der Gedanken vieler Menschen in Jahrhunderten gewesen.

Schlusswort

Abschließend möchte ich betonen, dass es mir völlig fern liegt, Menschen in ihrem Glauben zu verletzen. Meine Ausführungen sollen zum Nachdenken anregen um etwas Ordnung in das Wirrwarr der Gedanken zu bringen. Jeder ist berechtigt, seine eigenen Gedanken in diese Welt zu bringen und danach zu leben. Sollte sich trotzdem jemand verletzt fühlen, so bitte ich ausdrücklich um Entschuldigung. Jeder Mensch hat das Recht sich seine Philosophie von Gott und dem Leben selbst zu gestalten und danach zu leben. Genau dies hat uns unser Herrgott garantiert.

Ganz gleich, welche Unterschiede oder Differenzen in den einzelnen Glaubensrichtungen bestehen, diese sind alle von Menschen gemacht und haben keinerlei wirkliche Verbindung zu Gott.

Alle Menschen, unabhängig von Hautfarbe oder Lebensgrundlage, wurden von ein und demselben Gott, dem Göttlichen Energiefeld »Himmel«, erschaffen. Und diese Erkenntnis ist einfach herrlich!

Als letztes noch eine kleine eigene Philosophie zu unserem Leben.

Gott schenkt uns zu unserer Geburt einen langen Kuchen. Dieser Kuchen ist unsere Lebenszeit. Dieser Kuchen ist für uns nicht sichtbar denn er besteht aus Energie und wir wissen nicht wie lang er ist. An jedem neuen Tag wird eine Scheibe von diesem Energiekuchen abgeschnitten und uns vorgelegt. Es ist uns nun überlassen, was wir damit machen. Wir können ihn genüsslich mit lieben Menschen verspeisen, oder hastig und in Eile alleine hinunter schlucken. Wir können es auch nicht beachten und vertrocknen lassen oder wegwerfen. Es steht uns völlig frei, was wir damit machen.

Am Ende des Tages ist diese Scheibe weg und unser Leben um dieses Stück kürzer.

Kein Mensch weiß, wie lang dieser Kuchen ist und wann das letzte Stück vor uns liegt. Jeder sollte sich darüber immer bewusst sein und jedes Stück (ein Tag) entsprechend genießen. .

Ich wünsche Ihnen einen sehr langen Kuchen und einen guten gesunden Appetit !!!

Bleiben Sie behütet!